Histoire et Perspectives méditerranéennes
Collection dirigée par Jean-Paul Chagnollaud

Dans le cadre de cette collection, créée en 1985, les Éditions L'Harmattan se proposent de publier un ensemble de travaux concernant le monde méditerranéen des origines à nos jours.

Déjà parus

Maria LUCENTI, *Le monde arabo-musulman et l'Occident dans les manuels scolaires d'Italie et de Tunisie*, 2021.
Djamel BELAID, *L'agriculture en Algérie. Ou comment nourrir 45 millions d'habitants en temps de crise*, 2021.
Salem SALAH, *Femmes tunisiennes,* waqf *et droit de propriété à l'époque moderne. XVIIIe-XIXe siècles*, 2021.
Bernard LE GORGEU, *La stratégie numérique du Maroc. Vers l'émergence d'un* hub *numérique régional ?*, 2021.
Kamal GUERROUA, *L'Algérie révoltée. Entre impasse et espoir de changement*, 2021.
Hocine MALTI, *Chroniques des années Bouteflika, (1999-2010)*, 2021
Jacques IZOULET, *Des chrétiens en Afrique du Nord (1945-1962)*, 2021.
Mustapha CHOUIKI, *La symbolique urbaine. Quelle mondialisation pour la ville maghrébine ?*, 2020.
Jacques POUS, *Henry Dunant, colon affairiste pionnier du sionisme*, 2020.
Fouad KEMACHE, *La nouvelle Algérie au défi de se transformer*, 2020.
Mohamed HARAKAT (dir.), *Etudes d'impact et politiques publiques au Maroc*, 2020.
Sofiane BOUHDIBA, *De Carthage à Lampedusa, La migration en Tunisie,* 2020.
Mohand AÏT AHMED, *La Grande Kabylie, Arabisation coloniale et histoire fragmentaire,* 2019.
Mehenni AKBAL, *Archives algériennes de la France coloniale, Réflexion sur la valeur de l'administration communale,* 2019.

CRISE DE LA COVID-19 AU MAROC

Ouvrage collectif des enseignants de l'ENCG El Jadida - Université Chouaib Doukkali.

5-7, rue de l'École-Polytechnique ; 75005 Paris

http://www.editions-harmattan.fr/

ISBN : 978-2-343-24721-2
EAN : 9782343247212

Sous la direction de
Fairouz Naji et Salwa Hanif

Crise de la Covid-19 au Maroc

Réflexions - Analyses - Perspectives

L'Harmattan

Liste des auteurs

Zakariae BEL MKADDEM
Nabila CHNAIDA
Abdelbari EL KHAMLICHI
Abbes FOUSI
Salwa HANIF
Miloudi KOBIYH
Mariem LIOUAEDDINE
Fairouz NAJI
Abdelhak SAHIB EDDINE
Wadi TAHRI
Hind TAHTAH

Comité scientifique

Youssef BENMAKHLOUF	FSJES Fès, Université Sidi Mohamed Ben Abdellah – Fès.
Yasmina BENNIS BENANNI	FSJES Ain Chock, Université Hassan II - Casablanca.
Jamal BERRAD	FSJES Tetouan, Université Abdelmalek Essaâdi - Tétouan.
Adil CHERKAOUI	FSJES Ain Chock Casalanca, Université Hassan II - Casablanca.
Amine DAFIR	FSJES Mohamedia, Université Hassan II - Casablanca.
Insaf HEJJAJI	EST Casablanca, Université Hassan II – Casablanca.
Sara MRANI ZENTAR	FSJES Marrakech, Université Cady Ayyad – Marrakech.
Mohamed MARZAK	FSJES Settat, Université Hassan 1er – Settat.
Rhita SABRI	ENCG Kénitra, Université Ibnu Toufail – Kénitra.
Soundoss SABRI	Faculté de Médecine dentaire, Université Hassan II – Casablanca.

Relecture et correction

Hammou BELGHAZI	Directeur de recherche à l'Institut royal de la Culture amazighe – Rabat.

Sommaire

Présentation

« La pandémie de la Covid-19 pose à notre monde des défis sans précédent et qui menacent d'effacer les acquis du développement dans de nombreux pays. Elle a de profondes répercussions sur le capital humain, en prenant des vies, mais aussi en mettant en péril l'acquisition des connaissances, le bien-être élémentaire et la productivité à venir... la lutte contre le coronavirus nécessite une action décisive, collective et innovante... ». Ces propos publiés sur le site[1] de la Banque mondiale, suite à la réunion des Conseils des gouverneurs de cette dernière et du FMI à la date du 17 avril 2020, résument la situation, inédite, de la quasi-totalité des pays du monde.

La crise de la Covid-19 nous met, donc, face à des répercussions à multiples facettes nécessitant des actions à plusieurs niveaux. Autant de chantiers sur lesquels il s'avère à la fois urgent et important de mener aussi bien des réflexions que des analyses et de s'ouvrir à de nouvelles perspectives. Tels sont le propos et la finalité du présent ouvrage.

Du virus Covid-19 on parle désormais de la crise Covid-19. Une crise qui a débordé du cadre strictement sanitaire pour devenir économique et sociale, générant, selon l'OCDE, une crise humanitaire imparable[2]. Les crises économiques font partie intégrante des cycles économiques. Néanmoins, la crise Covid-19 rejoint, dans la mémoire collective des habitants de la planète entière, la liste des crises qui ont marqué l'époque contemporaine de l'humanité à travers leur ampleur et leur caractère exceptionnel et bouleversant ; il s'agit notamment de la crise de 1929, du choc pétrolier de 1979 et de la crise des *subprimes* de 2008. Néanmoins, elle s'en distingue par le caractère volontaire des États de stopper les activités économiques afin de privilégier (sauver) les vies des citoyens et pendant des périodes aussi longues. Ce qui rend impertinent l'usage du terme « récession » selon l'économiste Robert BOYER[3].

---

[1]. https://www.banquemondiale.org/fr/news/feature/2020/04/17/decisive-action-in-an-unprecedented-crisis, (consulté le 15-07-2020).

[2]. Source : OCDE, (2020), « Coronavirus (Covid-19) : des actions conjointes pour gagner la guerre ».

[3]. « Une pandémie deux avenirs », *Le Monde diplomatique*, novembre 2020. https://www.monde-diplomatique.fr/2020/11/BOYER/62392.

À la date de la rédaction de cet ouvrage, le confinement de la population est toujours d'actualité dans la majeure partie du monde, malgré le démarrage timide des campagnes de vaccination dans certains pays. Le monde repose sur une économie qui fonctionne à moitié en attendant l'acquisition de la fameuse « immunité collective ». Notre objectif, en tant que coordonnatrices et auteures des chapitres de ce livre, n'est pas de donner des recettes miracles pour sortir de cette crise. Il s'agit de livrer des réflexions et analyses de chercheurs, chacun étant expert dans sa discipline, afin de pouvoir mieux comprendre cette crise imparable et ses conséquences tout en permettant d'en tirer les leçons qui s'imposent.

En matière de gestion de la crise sanitaire, le Maroc a pu relever le défi. Ce qui lui a valu d'être cité comme cas exemplaire par la Banque mondiale[1]. La coopération des citoyens y a contribué, vu qu'ils ont été plus d'un tiers à s'autoconfiner[2] suite à l'enregistrement du premier cas d'infection par ce virus le 2 mars 2020, alors que la promulgation officielle de l'état d'urgence sanitaire n'a eu lieu que le 20 mars. À l'instar des autres pays, les mesures de fermeture des frontières et de confinement de la population ont engendré en même temps une baisse de la consommation interne et des exportations, ce qui a plongé le pays dans une crise économique de grande ampleur. D'autant plus que le secteur du tourisme constitue la première source d'entrée des devises, sans oublier que l'année agricole 2020 a été faible à cause de la sécheresse. Par conséquent, Bank Al-Maghrib a revu sa prévision de croissance du PIB de 2,3 % à -5,2 %, soit le taux le plus bas depuis 1996, ce que le ministère de l'Économie, des Finances et de la Réforme administrative qualifie de récession[3].

Les mesures de soutien au pouvoir d'achat des citoyens et au tissu productif, pendant et même après ce confinement, ont creusé le déficit budgétaire de l'État marocain qui a dû recourir à une politique de l'emprunt extérieur[4] atteignant les 31 milliards de dollars en 2020. Malgré cela, 135 000 entreprises ont été obligées de suspendre temporairement leurs activités et 6 300 autres ont cessé définitivement les leurs. Une étude du HCP souligne que, du point de vue social, 27 % des entreprises ont dû réduire temporairement ou définitivement leurs effectifs[5]. Ainsi, près de 726 000 postes ont été supprimés, ce qui constitue 20 % de la main-d'œuvre

---

1. https://www.sciencesetavenir.fr/sante/le-maroc-un-exemple-pour-sa-gestion-du-covid-19_145163
2. HCP (2020) Haut-Commissariat au Plan, S. d. (2020). Note stratégique : impact social & économique de la crise du covid-19 au Maroc.
3. Note de conjoncture n° 280 du ministère de l'Économie, des Finances et de la réforme de l'administration (2020).
4. HCP (2020) Haut-Commissariat au Plan, S. d. (2020). Note stratégique : impact social & économique de la crise du Covid-19 au Maroc.
5. *Ibid.*

des entreprises[1]. Entre le premier trimestre de 2019 et la même période de 2020, le nombre de chômeurs a connu une hausse de 208 000 chômeurs ; par conséquent, le taux de chômage est passé de 9,1 % à 10,5 % au niveau national[2].

Devant l'ampleur de cette crise et de ses conséquences, la société civile s'est tournée vers les experts économiques et autres figures d'opinion pour obtenir des informations sur la situation actuelle du pays et, surtout, des scénarios d'évolution de la situation. Une profusion de webinaires a été organisée par différentes associations et collectifs afin de répondre à l'anxiété régnant dans la société. D'où l'idée des coordonnatrices de cet ouvrage de solliciter l'avis des experts-collègues de l'École Nationale de Commerce et de Gestion d'El-Jadida sur les aspects de la crise Covid-19, qui sont en lien avec leurs domaines de recherches respectifs. Un processus d'évaluation anonyme par des enseignants-chercheurs externes a permis de sélectionner les réflexions qui constituent les chapitres de cet ouvrage, rédigés à la lumière des informations et données disponibles au mois de décembre 2020, l'objectif étant d'éclairer le regard des lecteurs sur certaines dimensions de la crise. Certains chapitres sont tournés vers les enseignements que l'on peut en tirer pour l'avenir du pays, ce qui s'articule parfaitement avec les débats internationaux sur les modèles de développement socio-économique futurs et les formes de capitalismes qui sortiront renforcées de cette crise[3].

Tout d'abord, trois chapitres traitent de la gestion même de cette crise. Les manuels de management abondent sur cette thématique avec des définitions précises du mot crise et de ses typologies tout comme des stratégies à mettre en place pour y faire face. La crise Covid-19 – qui a commencé comme crise sanitaire pour se transformer en crise économique, sociale, voire politique – remplit toutes les conditions de la définition d'une crise et les dépasse même de par son ampleur. Ce qui met les managers, dans les institutions publiques comme privées, dans l'urgence de l'improvisation. L'État marocain a mis en place un ensemble de mesures de soutien aux différents secteurs économiques impactés tel que le soutien au pouvoir d'achat à travers des allocations exceptionnelles à la population.

TAHRI Wadie s'intéresse à l'usage des réseaux sociaux dans la stratégie de communication publique, à travers le cas du ministère de la Santé. La recherche d'informations proactive et la réaction aux publications du

---

[1]. HCP (2020) Haut-Commissariat au Plan, S. d. (2020). Note stratégique : impact social & économique de la crise du Covid-19 au Maroc.

[2]. HCP, note d'information sur la situation du marché du travail au premier trimestre de 2020. https://www.hcp.ma/La-situation-du-marche-du-travail-au-premier-trimestre-de-2020_a2503.html

[3]. Voir l'ouvrage de Robert BOYER (2020), *Les capitalismes à l'épreuve de la pandémie*, La Découverte.

ministère de la Santé sur sa page Facebook officielle constituent un cas d'école pour la rapidité de l'appropriation des réseaux sociaux par une partie de la population marocaine sous l'effet de l'urgence de la crise. Ce travail a un apport en matière de la pertinence des canaux de communication avec le citoyen marocain. Une digitalisation, du moins en partie, de la communication publique est nécessaire afin de contrer la propagation des rumeurs et de respecter le droit d'information des citoyens.

De manière plus stratégique, NAJI Fairouz et LIAOUEDDINE Mariem proposent un modèle conceptuel reliant la performance de la gestion de crise à la mise en place d'une démarche de l'intelligence économique. Cette dernière repose sur le triptyque suivant : la veille pour la collecte et le traitement de l'information pertinente en temps et en heure ; la sécurisation de l'information et du patrimoine immatériel et la catalyse de l'influence de l'organisation sur son environnement. À travers ces trois rôles, il est possible d'optimiser l'usage des ressources pour fournir les informations nécessaires pour prendre des mesures défensives mais également proactives dans la gestion de toute crise. Ainsi, les auteures préconisent son adoption au niveau du gouvernement marocain afin de lui permettre une gestion proactive et une sortie de crise optimale.

CHNAIDA Nabila, SAHIB EDDINE Abdelhak et NAJI Fairouz ont préféré s'intéresser à la gestion de la crise Covid-19 au sein des entreprises marocaines privées. Ils se sont, pour cela, focalisés sur le rôle du DRH dans la performance de cette stratégie de gestion de crise. Ils font appel au concept de gouvernance RH et son lien avec la performance des entreprises à travers l'étude de cas de huit unités industrielles du secteur automobile installées dans l'Atlantic Free-Zone de Kénitra. La pertinence du choix de ces cas se justifie par l'appartenance au secteur automobile qui est directement impacté par la crise économique. En effet, ces unités industrielles font face à une double contrainte économique : la diminution de la production à cause des mesures de distanciation et de couvre-feu et le ralentissement de la demande. Les résultats montrent que, dans la gestion de cette crise, le rôle du DRH a évolué de la gestion quotidienne et technique de la ressource humaine à un partenaire stratégique de la Direction générale pour accompagner le changement. Concrètement, des mesures défensives (gel des recrutements, licenciements, etc.) ont été prises durant la première phase de la crise en attendant la reprise économique.

Au-delà des enseignements en matière de gestion de crise ou de communication de crise dans les organisations, la crise Covid-19 se traduit par des changements profonds dans le comportement des acteurs économiques. À commencer par le consommateur marocain qui, à cause des mesures de confinement et de l'anticipation de perte des revenus, a opté pour un changement drastique au niveau de sa consommation.

TAHTAH Hind n'hésite pas à parler d'un changement de la culture de consommation vers la consommation comme culture, notamment une consommation raisonnée, voire minimaliste. On note ainsi une baisse de la consommation des ménages de 6,7 % durant le deuxième trimestre de 2020. Selon l'étude de TAHTAH, il y a également un changement qualitatif en matière de comportement du consommateur, vu qu'il a eu davantage recours aux achats en ligne. Ainsi, les conséquences de la crise Covid-19 semblent favoriser certaines branches économiques, notamment l'économie digitale et les télécommunications.

EL KHAMLICH Abdelbari et FOUSI Abbes s'intéressent, dans une étude inédite, aux conséquences de la crise Covid-19 sur la Bourse des valeurs de Casablanca (BVC). Selon les auteurs, le comportement des entreprises cotées a connu un changement notoire avec une non-distribution des dividendes suivant les préconisations de la Banque centrale. Néanmoins, les auteurs notent que le changement attendu de la part des investisseurs est de recourir davantage au marché boursier comme source de financement par rapport aux circuits de financements classiques (la banque). Un tel changement aurait comme impact de dynamiser la capitalisation et les marchés financiers afin de les rendre plus compétitifs.

De son côté, BEL MKADDEM Zakariae s'intéresse à la politique budgétaire au niveau de l'État marocain, notamment en analysant le déficit budgétaire. Ce dernier aurait augmenté de 26 % par rapport à la même période de l'année dernière à cause principalement de la baisse des recettes fiscales pendant la période du confinement. En effet, les mesures de fermeture des frontières du Royaume ont conduit d'un côté, à une baisse des tarifs douaniers, d'un autre côté les mesures de couvre-feu et de distanciation ont produit une baisse de la consommation interne et donc de la TVA et de l'IR. Par ailleurs, à partir de l'analyse historique du déficit budgétaire au Maroc, BEL MKADDEM en déduit que les dépenses d'investissement ont toujours joué le rôle de variables d'ajustement. Ceci lui permet d'émettre deux scénarios en matière de politique budgétaire à adopter par l'État marocain pour assurer une sortie de crise. Dans le premier scénario, le gouvernement donne la priorité à l'équilibre budgétaire et tente de résorber le déficit au détriment du pouvoir d'achat du citoyen marocain. Dans un deuxième scénario, l'État creuse le déficit budgétaire afin de financer une politique d'investissement et de relance en soutenant le pouvoir d'achat des citoyens. Le prix de ce deuxième scénario serait d'aggraver le taux d'endettement externe et d'hypothéquer le pouvoir d'achat des générations futures. En définitive, le choix de la voie à prendre dépend du modèle de développement économique de sortie de crise que va adopter l'État.

Il est certain que la sortie de la crise économique Covid-19 ne se limite pas à la course vers la découverte du vaccin le plus performant ni vers la vaccination la plus rapide de la population. La reprise des activités humaines de voyage, de sortie, de travail, d'enseignement ne constitue que le début de la reprise économique. Cette dernière est tributaire des choix de développement qu'adopteront les pays. En l'occurrence, rechercher un modèle d'équilibre proche du modèle précédent ou changer de paradigme pour aller vers une nouvelle vision de l'activité économique et humaine en général.

Avant de détailler ce nouveau modèle économique, nous nous arrêtons avec Salwa HANIF sur une vision inclusive de l'économie par rapport à la vision actuelle. Les théories économiques et managériales actuelles étudient la partie émergente de l'iceberg de toute économie qu'est l'activité marchande-formelle. Une vision écoféministe de l'économie propose un modèle conceptuel dans lequel l'économie marchande et formelle n'est que la couche supérieure et son activité est basée sur le rendement et l'exploitation de trois autres couches, à savoir les institutions et les infrastructures publiques, puis les structures d'entraide familiale, sociale et communautaire et, enfin, les ressources naturelles primaires. La crise Covid-19 serait l'illustration même de l'interdépendance entre ces différentes couches de l'économie. Les mesures pour limiter la propagation du virus ont restreint la majorité des activités humaines collectives. On a constaté le revers positif sur la diminution de la pollution mondiale et l'amélioration de la qualité de l'air respirable, mais le ralentissement de l'activité économique marchande formelle a eu un effet de domino sur l'activité marchande informelle et l'activité non marchande. Ceci explique, selon HANIF, le passage de la crise sanitaire à la crise économique puis la crise sociale et humaine. D'après elle, l'une des clés de cette démonstration serait le travail féminin formel et informel rémunéré et gratuit dans toutes les strates de la société marocaine. Ainsi, tout nouveau modèle de développement devrait être inclusif et valorisant pour le travail féminin dans toutes ses variantes et à tous les étages de la société.

Dans la continuité de cette réflexion sur la sortie de la crise Covid-19 vient le travail prospectif de KOBIH Miloud. Pour celui-ci également, seul un nouveau modèle de développement avec une politique d'investissement public visant à favoriser : 1) la transition énergétique et écologique en général dans l'usage des ressources, 2) la transition digitale inclusive pour l'ensemble de la population (en rupture avec la fracture numérique actuelle) afin de garantir l'accès égalitaire aux droits humains et 3) une transition économique dans laquelle l'État se réapproprie les politiques de santé publique, d'enseignement et de droits sociaux. En guise de ciment à ces instruments d'investissement public, l'auteur propose l'exploitation des valeurs de solidarité au niveau des citoyens et la sensibilisation aux valeurs de la responsabilité sociale au niveau des acteurs privés et publics.

Salwa HANIF & Fairouz NAJI

1

Transformation digitale à l'heure de la crise sanitaire de la Covid-19 : le cas des médias sociaux

Wadi TAHRI
Enseignant-chercheur à l'ENCG El-Jadida
Université Chouaib Doukkali
LERSEM et MRM
tahri.w@ucd.ac.ma

Résumé

La crise sanitaire de la Covid-19 a donné un coup d'accélérateur à la transformation digitale dans tous les secteurs d'activité, vue comme une opportunité pour garder contact et aller vers la performance. L'objectif de cet article est d'apporter un éclairage sur l'usage et l'appropriation des plateformes web 2.0 en période de crise, de tirer les leçons sur les opportunités et menaces qu'elles offrent, à la fois pour les citoyens et les organisations.

Par l'étude des données de la page Facebook du ministère de la Santé du Maroc en période de confinement (5 mois), nous avons analysé les interactions des internautes vis-à-vis des informations communiquées sur la pandémie. Les résultats montrent qu'en cette période, tant pour les organisations que pour les utilisateurs, les médias sociaux montent en puissance et deviennent l'outil incontournable de communication pour créer du sens dans un contexte ambigu ; des interactions se créent alors pour combler cette incompréhension et peuvent devenir bénéfiques (partage, prévention, solidarité, patriotisme) ou maléfiques (propagation des fake news, perte de relations humaines, protestations). Nous postulons que le contenu devient alors plus important et invitons les responsables à mieux repenser leur communication de crise à travers une stratégie de contenu.

Mots-clés : transformation digitale, médias sociaux, stratégie de contenu, crise Covid-19.

Tous les pays, sans exception, ont été impactés par la crise sanitaire du coronavirus ou Covid-19, imposant une transformation digitale qui bouleverse notre manière de communiquer, de travailler, de manger... Ce qui apparaissait lointain est devenu réalité, l'automatisation des processus et le remplacement de certaines opérations se sont facilement opérés sans contestation pendant le confinement ; entre autres, dans les emplois appelés à évoluer ou à être remplacés par les technologies.

Selon le Digital Report 2020 de *We are Social* et *hootsuite*, réalisé pendant les premières semaines du confinement, on recense 4,57 milliards d'utilisateurs d'Internet (soit une hausse de 7 %) et 3,81 milliards d'utilisateurs de médias sociaux dans le monde (en hausse de 8 %). Ces deux chiffres ont augmenté de plus de 300 millions depuis l'année dernière.

À l'instar de plusieurs pays dans le monde, beaucoup d'entreprises ont privilégié l'adoption des nouvelles technologies digitales, plutôt que de recourir au licenciement économique ou d'arrêter totalement l'activité. Les réseaux sociaux ont été, pour les organisations comme pour des millions de gens, le seul refuge pour s'exprimer, travailler, partager, se divertir et atténuer l'effet de la pandémie qui les a privés de liberté. Rappelons que, même pour acheter les produits de première nécessité, il fallait avoir une autorisation délivrée par les autorités pour pouvoir sortir de chez soi.

Au Maroc, le ministre de la Santé a annoncé avoir enregistré, le lundi 2 mars 2020, le premier cas Covid-19 au laboratoire de l'institut Pasteur-Maroc, d'un ressortissant marocain résidant en Italie ; depuis, le chiffre n'a cessé d'augmenter, poussant l'État à confiner la majorité des citoyens. Beaucoup de personnes ont ainsi découvert le Net et les réseaux sociaux et poussé même les plus récalcitrants à créer leurs comptes pour communiquer avec leurs amis, proches ou collègues de travail. L'usage du téléphone portable a sans doute aussi contribué à cette croissance, puisque l'étude souligne qu'environ les deux tiers de la population mondiale l'utilisent aujourd'hui.

Cette contribution cherche à éclaircir la transformation digitale et le rôle des médias sociaux. Elle est sous-tendue par les questions suivantes : la crise Covid-19 a-t-elle accéléré la transformation digitale ? Comment le Maroc a-t-il géré la communication de crise dans les médias sociaux et comment les utilisateurs ont-ils interagi pour créer du sens dans cette situation inédite ?

1. Transformation digitale en période de crise

Rappelons les faits : la Covid-19 est une maladie provoquée par un nouveau virus appelé coronavirus du syndrome respiratoire aigu sévère (SARS-COV-2). Elle a émergé en décembre 2019, à Wuhan, une ville de la province du Hubei en Chine, et s'est propagée à grande vitesse à travers le monde. La contagion se fait soit par contact étroit avec une personne malade, ou bien à travers les gouttelettes invisibles projetées lors d'une discussion ou de toux. Depuis son apparition, le nombre de cas n'a cessé d'augmenter à travers les quatre coins du globe, devenant une véritable crise mondiale avec plus de 50 millions de cas positifs et plus d'un million de morts. Les États ont dû confiner leurs populations plusieurs mois pour pouvoir contenir la propagation sans résultats significatifs.

1.1. Transformation digitale en temps de Covid-19

Dès 1988, Markus disait que la technologie est une source de changement dont on ne peut prédire la forme. Une controverse théorique divise l'impact de la technologie en trois voies : 1) le déterminisme technologique confère à la technologie une capacité structurante, 2) le déterminisme organisationnel reconnaît à la fois les capacités structurantes des technologies et le rôle du contexte social dans un processus de coévolution, et 3) le courant d'émergence précise que l'utilisation et les effets TIC émergent de manière imprévisible des interactions homme-artefact et de nouvelles appropriations apparaissent.

Il n'y a pas de consensus sur ce que la « digital transformation » veut dire ; cependant, nous acceptons la définition d'Agarwal et *al.* (2010), à savoir : «*... a series of profound changes enabled by the use of emerging digital technologies affecting multiple organizations, industries and societies at large* ». La transformation digitale est un changement stratégique qui synthétise l'approche d'utilisation par les organisations des technologies numériques existantes et à venir pour ouvrir des voies à des manières nouvelles de travailler (Autissier et *al*,. 2014).

Le confinement a poussé les populations à faire un passage forcé au monde du digital, créant une situation nouvelle sans précédent de changement et d'adaptation. Si les recherches se sont tournées en cette pandémie vers cette transformation et les changements dus aux technologies, les recherches réalisées sur l'adoption, l'usage et l'appropriation dans la discipline du management des systèmes d'information remontent à quatre décennies. Il suffit de faire une requête dans les bases de données scientifiques telles que *Science direct, Ebsco* ou *Cairn* pour s'en rendre compte. Celles-ci se caractérisent par une grande variété, à la fois dans les objets de recherche, les problématiques développées et les positions théoriques qui les fondent (Desq et *al.*, 2016).

Parmi les exemples de cette transformation : le télétravail. Malgré les réticences exprimées par les employés depuis des années, le monde a connu une généralisation de ce mode de travail lors de cette crise. Sauf que certains secteurs y étaient préparés et d'autres moins puisqu'ils n'y voyaient pas l'utilité d'investir. L'espoir de la fin de la pandémie qu'on croyait disparaître en quelques semaines, voire quelques mois, s'est évaporé et les organisations ont entamé une course à la digitalisation en voyant leur chiffre d'affaires chuter à vitesse exponentielle. Même l'État, le plus mauvais exemple dans l'usage des nouvelles technologies, a accéléré sa stratégie (l'exemple du plan Maroc numérique) pour débloquer la situation et assurer la continuité du service public des divers organes (juridique, état civil, impôts...). La Covid-19 a été l'occasion de revoir l'efficacité des procédures, des structures... par l'implémentation des TIC pour bon nombre d'entre eux. En même temps les individus sont face à une situation complexe, incertaine et ambiguë. Ils sont contraints à des efforts afin de donner du sens à ce qui se passe autour d'eux (Weick, 1995).

1.2. Appropriation des technologies en temps du confinement

Le digital interroge le fonctionnement traditionnel des organisations dans toutes leurs dimensions : les uns y voient de nouvelles opportunités, les autres des menaces qui peuvent être corrélées au processus d'appropriation post-transformation (Tahri,, El Kadiri, 2020). Nombreux sont les auteurs à avoir orienté leurs travaux vers l'analyse du processus d'appropriation de la technologie en sociologie, psychologie et sciences de gestion (Hatchuel 1996 ; Ciborra, 2000 ; Orlikowski, 2000 ; De Vaujany, 2005).

Jouët, cité par Millerand (1998), fait une distinction entre les notions d'usage et de pratique. Pour lui, l'usage est plus restrictif et renvoie à la simple utilisation tandis que la pratique est une notion plus élaborée qui recouvre non seulement l'emploi des techniques, l'usage, mais surtout les comportements, les attitudes et les représentations des individus qui se rapportent directement ou indirectement à l'outil.

La crise fait-elle émerger de nouvelles pratiques et appropriations des technologies ? L'appropriation désigne l'action d'un sujet qui ramène quelque chose à lui-même, l'intégration d'un objet dans le vécu d'un individu ou d'un groupe (Bianchi, Kouloumdijan, 1986). Alter (2005) indique que l'appropriation est liée à une affirmation d'identité, elle s'inscrit dans une culture donnée, elle mobilise le savoir-faire et le savoir-être préexistants. Selon Vaast (2002), l'appropriation de la technologie est conditionnée par le processus de construction de sens chez les utilisateurs et ce au détriment des caractéristiques techniques intrinsèques et de la performance de l'outil. Pour nous, l'appropriation représente l'adaptation de la technologie par l'émetteur et la création du sens par le récepteur dans un contexte donné (Covid-19).

Un des exemples frappants de l'appropriation des technologies en période de confinement : habituellement, Facebook, WhatsApp, Imo, Facetime... sont considérées comme des technologies à usage personnel mais, faute de moyens et de préparation, beaucoup d'écoles, d'entreprises se sont approprié ces outils pour les utiliser dans l'apprentissage, les réunions et pour respecter la distanciation sociale. Nous avons constaté aussi un élan de solidarité dans les réseaux sociaux pendant le confinement. Les internautes ont créé des pages, des messages de soutien, d'entraide pour rendre service aux autres, même les gens qui ne se connaissent pas, on parle alors de nouvelles appropriations de technologies.

2. L'engouement pour les médias sociaux en période de crise

Lorsqu'on parle de « réseaux sociaux », on fait souvent référence aux sites de type Web 2.0 ; exemple : WhatsApp, Facebook, Linkedin, YouTube. De nombreux termes sont utilisés aujourd'hui : réseaux sociaux, médias sociaux, technologies digitales, web social, plateformes numériques. Nous utiliserons ces termes indifféremment ici, *« Réseau technique et réseau social ont fini par se confondre dans le langage »* (Mercier, 2008).

> *« L'appellation de "réseau social" pour désigner des systèmes de communications entre communautés sur Internet est trompeuse à plus d'un titre. Le concept de réseau social vient de la sociologie et a servi à désigner les interactions entre des groupes d'individus dans des contextes sociaux très variés (anciens élèves d'une même école, membres d'une association, employés d'une entreprise, etc.), pour les sociologues Facebook, Twitter, Linkedin... n'ont ni introduit, ni inventé des pratiques sociales qui leur préexistaient. »* (Cassili, Tubaro, 2012).

Nous pouvons définir les réseaux sociaux en ligne comme étant les sites Internet ou applications mobiles qui permettent aux utilisateurs de créer des liens et de constituer un réseau « d'amis » ou de « relations » et qui favorisent les interactions sociales entre individus, groupes d'individus ou organisations.

We are Social et *Hootsuite* ont publié le rapport Digital Report du 1er trimestre 2020 selon lequel il y a eu un changement significatif de nos comportements sur le digital à cause du confinement. En effet, 47 % des internautes ont passé plus de temps sur les réseaux sociaux, toutes les principales plateformes sociales ont vu une augmentation des utilisateurs actifs. Il y aurait 3,8 milliards d'utilisateurs dans le monde. La dernière des applications TikTok est en tête du classement mondial des téléchargements. La surprise vient de Zoom qui a compté jusqu'à 200 millions d'utilisateurs actifs par jour, ainsi que l'usage des jeux vidéo et l'écoute de musique. L'étude montre aussi qu'un utilisateur passe en moyenne 2 heures et 22 minutes par jour sur son compte de média social.

D'un autre côté, 73 % des spécialistes du marketing en ligne conviennent que leurs efforts pour mettre en œuvre une stratégie de marketing des médias sociaux pour leur entreprise ont été efficaces. 2 millions d'entreprises utilisent aujourd'hui la publicité sur Facebook pour promouvoir leurs produits et services, ce qui n'était pas le cas quelques années auparavant.

Quels sont les théories ou les modèles qui peuvent expliquer l'augmentation des usages des technologies ?

La théorie de la présence sociale

Certaines analyses associent l'influence sociale aux caractéristiques du média. La théorie souligne que la présence sociale ressentie par les individus produit un effet sur le choix du canal de communication (les médias sociaux). Les approches en termes d'influence sociale avancent l'idée que le choix du média est avant tout influencé par l'environnement social où prennent place les actes de communication. Fulk (1993) met la lumière sur la perception des utilisateurs envers un média qui résulte d'une variété de processus sociaux tels que la culture de communication de groupe, la pression des pairs, et l'influence organisationnelle. La théorie de la présence sociale fait aussi une distinction entre les médias personnels (sensibles et sociables) et ceux impersonnels (insensibles et peu sociables). Selon les chercheurs (Short et *al.*, 1976), les médias personnels ont un fort degré de présence sociale (comme la communication verbale) alors qu'elle est faible chez les médias impersonnels (comme la lettre).

La théorie de la masse critique

La théorie de la masse critique semble pertinente pour l'étude de l'usage des médias sociaux. En effet, la masse critique rend compte de la spécificité sociale du groupe, elle représente le taux d'équipement à partir duquel la communication de groupe, à travers les médiaé, devient possible (Uhlig et *al.*, 1979). Selon cette théorie le comportement n'est pas spontané, l'accessibilité perçue influence l'usage individuel des médias de communication. Il est alors légitime de penser que ces perceptions pourraient être à l'origine du choix et donc d'un usage plus ou moins intensif des médias sociaux.

3. Les médias sociaux au Maroc en période de crise

Les médias sociaux prennent une place importante au Maroc, encore plus importante lors des crises. Le Maroc a connu ces dernières années deux mouvements en termes de mobilisation et de revendication dans les médias sociaux. La première mobilisation, datant du 8 avril 2018, se rapporte au boycott de trois entreprises[1] avec un certain succès ; la seconde, au Hirak rifain. La particularité de ces deux mouvements, c'est qu'ils ont démarré dans les réseaux sociaux (WhatsApp et Facebook principalement). Grâce à

[1]. Il s'agit des marques Danone, Afriquia et Sidi Ali.

ces plateformes, les citoyens ne sont plus des destinataires passifs, mais des participants actifs qui cherchent de l'information et la créent eux-mêmes.

En effet, lors d'une crise, le public cherche tout d'abord de l'information sur la situation en consultant les réseaux sociaux, car ces derniers fournissent de l'information non filtrée, unique et en temps réel, contrairement aux médias traditionnels. Les citoyens ne consomment pas seulement de l'information sur la situation, mais ils la créent aussi eux-mêmes en partageant et interagissant ainsi rapidement (qu'elle soit vraie ou fausse). Durant n'importe quelle tragédie, les individus ont souvent besoin de soutien émotionnel, de contacts et de conversations. Les réseaux sociaux répondent à ces besoins. Ils permettent aux utilisateurs d'exprimer leurs émotions (positives et négatives), leurs sentiments.

4. Étude du cas de la page Facebook du ministère de la Santé publique

La compréhension de la divulgation d'information liée à la pandémie sur les réseaux sociaux est encore en train d'émerger (Nabity-Grover et *al.*, 2020). Pour comprendre la divulgation liée à la crise de la Covid-19, nous avons mené une étude longitudinale sur les internautes marocains.

4.1. Choix méthodologique

Dans cette recherche, nous nous sommes posé deux questions. La crise Covid-19 a-t-elle accéléré la transformation digitale ? Comment le Maroc a-t-il géré la communication de crise dans les médias sociaux et comment les utilisateurs ont-ils interagi pour créer du sens dans cette situation inédite ?

En complément des études réalisées sur le sujet, nous avons effectué une démarche méthodologique pour analyser les réactions des Marocains pendant la crise de la Covid-19 sur les médias sociaux. En effet, compte tenu du confinement, nous avons pensé que le meilleur moyen de connaître les attitudes des citoyens marocains, c'est d'identifier l'usage et les interactions sur les médias sociaux.

Pour ce faire, nous avons opté pour une *analyse qualitative longitudinale.* Étant donné que nous ne pouvons pas connaître toutes les réactions de la population, notre choix s'est porté sur les annonces faites sur la *page Facebook officielle du ministère de la Santé.* Ce choix est aussi justifié par le fait que c'est la seule source fiable à 100 %, puisqu'elle émane des autorités et nous permettra de comprendre les réactions des internautes aux annonces faites en période de confinement.

Cependant, nous avons rencontré une difficulté à lire et à interpréter les commentaires des internautes à cause, entre autres, de l'usage de l'arabe-français. Nous avons donc limité l'analyse au *nombre de réactions et à leur nature* (j'aime, triste, confus...). L'ensemble des *posts* de la page *Facebook* du ministère de la Santé du Maroc ont été analysés pendant la période du confinement, c'est-à-dire du 13 mars au 10 juillet 2020.

4.2. Résultats et analyses

L'agence digitale *Equity*, spécialisée dans les réseaux sociaux, la veille, le management de la réputation et la communication de crise, a publié une étude *Social Listening* sur les Marocains et le coronavirus en analysant l'ensemble des données publiques générées par les internautes marocains sur Facebook et Twitter du 13 mars, date du communiqué du ministère de l'Éducation nationale, jusqu'au 12 avril. Selon les résultats de l'étude, « l'insouciance des Marocains a brutalement pris fin ce jour du 13 mars, par la diffusion du communiqué du ministère de l'Éducation nationale sur la suspension jusqu'à nouvel ordre, des cours dans les crèches, écoles, collèges, lycées et universités du Royaume. C'est à partir de cette date que les Marocains prennent conscience du danger que représente le coronavirus ». L'activité des Marocains sur les réseaux sociaux a explosé, la Covid-19 devient le sujet quasi exclusif des discussions. Pendant le confinement, les réseaux sociaux ont facilité les interactions entre les gens et permis d'atténuer cet effet d'isolement, mais ont aussi créé un sentiment de peur et de psychose par la diffusion de fausses informations (*fake news*).

Nous synthétisons les résultats dans ce qui suit :

Les résultats obtenus sur l'analyse que nous avons effectuée des *posts* du ministère de la Santé publique durant le premier mois du confinement et l'apparition du premier cas Covid-19 au Maroc sont présentés dans le tableau 1 (ci-après)[2].

---

[2]. Tableau réalisé par l'auteur.

jour	Nbre de posts	Nature du post				Nature du message				Réaction des internautes						Commentaires		
		video	photo	texte	live	informatif	explicatif	conseil	avertissement	j'aime	j'adore	rire	choqué	triste	colère	nombre	nature	exemples
14			x			x				709	8	4	52	131	6	76	négatif	Manque de cadres médicaux
			x			x				1100	19	5	77	199	5	126	positif	Le volontariat des infirmières
15			x			x				2500	26	13	423	780	8	752	négatif	Retard des résultats
			x			x				2100	26	4	241	440	10	561	négatif	Identifier les cas infectés
16			x			x				2500	40	2	45	415	4	282	négatif	Non déclaration des villes infectés
			x			x				1500	140			5		54	négatif	Augmentation des prix
			x			x				1500	16		27	373	1	106	négatif	Demande de confinement
17			x					x		1900	20	3	31	864	12	161	négatif	Effrayer les gens sur le pire
		x				x	x			709	68			1		40	négatif	Portez les masques
			x			x				1400	14	5	114	605	8	159	positif	Portez les masques
			x			x				2700	33	3	82	1000	11	299	positif	Fermez les frontières du pays
18			x			x				1400	7	1	23	386	2	110	négatif	La détection à l'aéroport
		x				x				1900	257	1	2	155	4	77	négatif	La détection à l'aéroport
				x		x				2000	163	1	2	25		59	positif	Suivre les cas infectés
					x	x				785	22		1	28	1	62	négatif	Manque de masque
19			x			x				1600	12	1	19	345	25	248	négatif	Retard des résultats
			x			x				2500	35	7	270	1200	9	347	positif	Dissuader les gens par la force
			x			x				6500	2800	1	10	30		721	positif	Remerciement des cadres médicaux
20			x			x				4000	43	2	130	2300	14	471	positif	Prière de pardon
		x				x				810	17			31		13	négatif	Il faut assurer les masques
			x			x				4600	53	15	726	2600	30	483	positif	Il faut que les citoyens aident l'Etat
			x						x	1700	198	1		47	1	53	positif	Assurer les masques
			x					x		1500	180	2	2	101	1	28	positif	Remerciement des cadres médicaux
21			x			x				3900	59	7	156	1800	13	411	négatif	Non respect du confinement
			x			x				3300	39	4	52	1100	8	199	positif	Estimer les efforts du pays
22			x			x				1500	108	2	96	208	13	430	négatif	Non respect du confinement
			x			x				1600	426	1	193	738	10	256	négatif	Non respect du confinement
23	4		x			x				1700	352	3	260	110	15	230	négatif	Dissuader les gens par la force
					x	x				243	27	1	103	35		71	négatif	Fermer les entreprises
			x			x				1900	284	27	275	50	8	231	négatif	Retard de gérison
			x			x				2500	308	17		3	2	129	négatif	Augmentation des cas
24	2		x					x	x	553	11	9	156	6	1	217	positif	Répeter l'hymne national dans les fenetres
			x			x				2700	89		187		4	465	négatif	Désinfection dans les marchés
25	3		x					x		1400	79	10	136	7	12	53	négatif	Demande de confinement
			x				x			1100	86	1	37	6		93	positif	Prière de pardon
		x				x				849	59		88	1	18	31	positif	Prière de pardon
26	2		x			x				590	11	5	19	2	2	534	négatif	Le confinement est nécessaire
			x					x		1700	69	6	45	12	9	84	négatif	Pas de tests

Tableau 1 : **Extrait de l'analyse des interactions des internautes marocains avec les posts facebook du ministère de la santé en mois de mars 2020**

Nous constatons, dans un premier temps, que les internautes marocains n'ont pas pris conscience au début de la sévérité de la crise sanitaire et de ses dégâts (le premier mois). En comptabilisant le nombre des réactions, il y a eu 560 rires et 780 commentaires négatifs avec très peu de réactivité vis-à-vis des contenus de type conseil (figure 1, ci-dessous). Par contre, les *posts* sur l'évolution quotidienne de l'épidémie (figure 2) ont connu une augmentation importante. Le résultat de ces attitudes peut avoir comme conséquence le non-respect des règles de port de masque et de distanciation sociale que préconisent l'OMS et le gouvernement.

Figure 1 : **Exemple de post de type conseil**

Figure 2 : **Exemple de post sur la situation épidémique au Maroc**

Dans un deuxième temps, nous remarquons une forte montée du nombre de réactions dans le temps, surtout pour les *posts* de type vidéo le deuxième mois (6 000 j'aime, 2 300 choqués), qui ont été aussi largement partagés dans les autres réseaux sociaux. Des vidéos initiées dans le but d'expliquer (ou effrayer) la population sur la dangerosité du virus en cas de non-respect des mesures préconisées.

Cependant, malgré toutes les mesures prises, il y avait quelques lacunes non prises en compte par les politiques, la propagation des rumeurs ou fausses news sur les réseaux sociaux. Les *posts* à propos des ruptures de stock des produits alimentaires et des produits d'hygiène et de désinfection et les vidéos de personnes qui meurent dans les rues ont semé la panique au sein de la population. Ce n'est que par la suite que le ministère a réagi en coordination avec le ministère de l'Intérieur pour renforcer davantage sa page par des *vidéos live* pour se rapprocher de plus en plus des citoyens et punir toute personne ayant contribué à la diffusion de ces fausses informations (le cas de Mi Naima interpellée puis condamnée a fait le buzz).

Le ministère a commencé aussi à publier dans les mois qui ont suivi des analyses fines avec des statistiques détaillées par région, par tranches d'âges des personnes contaminées… On observe aussi des *posts* pour valoriser les efforts du pays et les initiatives prises par le roi Mohamed VI dans la lutte contre la pandémie. Un élan de solidarité s'est ensuite fait remarquer sur les réseaux pour enrichir l'esprit de citoyenneté, de patriotisme et d'entraide envers les démunis et les personnes ne pouvant étudier ou se faire soigner.

Notons que Facebook a lancé un nouvel *emoticon* (emoji solidaire) en cette période de confinement (figure 3). Une initiative appelée « Tous ensemble » vise à apporter du soutien aux personnes isolées, malades ou simplement qui s'ennuient des relations sociales avec leurs proches.

Figure 3 : ***Emoji* solidaire lancé par *Facebook* lors du confinement**

Dans les mois qui suivent, les internautes ont largement réagi au *post* du 1er foyer de contamination à Marrakech (5 600 triste, 2 500 colère), en pointant la responsabilité des services de police et des autorités gouvernementales. Les autorités ont prolongé l'état d'urgence sanitaire comme étant un dispositif normal en période de pandémie. Cette décision n'a pas forcément été bien appréciée par les internautes compte tenu du nombre de réactions sur la page. Cela n'empêche pas de souligner que les décisions courageuses prises par le gouvernement marocain ont été largement saluées par la presse étrangère pour limiter la propagation (des *posts* avec plus de 9 000 j'aime).

L'évolution non stable des cas de Covid-19 a sans doute conduit à diviser les internautes en deux catégories : ceux qui sont d'accord avec les décisions du gouvernement (5 000 j'aime, 7 000 j'adore), y compris les décisions de fermer les frontières et toutes les entreprises, le couvre-feu nocturne et l'autre catégorie qui s'y oppose (2 500 réactions de colère). Les médias sociaux peuvent devenir ainsi un lieu de protestation en l'absence de rassemblement, on y trouve aussi des commentaires de personnes réclamant l'ouverture des mosquées.

À l'approche de la fin du confinement, c'est-à-dire début juillet, nous remarquons une forte augmentation de la fréquentation de la page par le nombre de réactions, car la population attend avec impatience l'annonce officielle du dé-confinement progressif relayé par les médias traditionnels. Au moins 10 *vidéos live* ont été postées à la fin du confinement pour rendre compte de la situation contrôlée par le gouvernement, mais pas totalement rassurante à cause de l'évolution en dents de scie des personnes contaminées.

Discussion

Les plateformes de types 2.0 fonctionnent selon le principe de participation. Par conséquent, les internautes sont des membres actifs dans l'alimentation du contenu. Ils peuvent exercer une influence sur les autres internautes et contribuer au succès ou à l'échec d'une marque, d'une entreprise ou d'une institution. L'organisation a tout intérêt à relever le défi de la présence en ligne et obtenir la confiance tout en communiquant sur ses produits et services.

Les études réalisées pendant la Covid-19 ont mesuré principalement la fréquentation des internautes des réseaux sociaux et les types d'usage dans celle-ci, mais peu ont porté sur le contenu et l'attitude des internautes vis-à-vis des informations communiquées sur la pandémie. Nous avons mesuré la fréquentation et les interactions à la fois.

Nos résultats confirment la théorie de la présence sociale et la masse critique. L'influence sociale liée aux caractéristiques du média, *Facebook* ici, est ressentie par les individus et produit un effet sur le choix de ce canal comme moyen de communication et divulgation de l'information plutôt que les autres canaux (téléphone, e-mail...). La construction du sens par les citoyens s'est faite dans le temps en cherchant à combler le manque d'information sur la situation à travers les annonces officielles sur Facebook du ministère de la Santé.

Au cours de nos recherches, en analysant les réactions et les commentaires des internautes marocains vis-à-vis de ces *posts*, nous avons remarqué un consensus national autour des décisions prises par les autorités à toutes les phases de gestion de la pandémie du coronavirus. Cependant, il existe une divergence entre les autorités et les citoyens sur plusieurs points : le manque d'infrastructures, le manque de soutien pour les plus touchés, l'ouverture des mosquées pour les prières, etc.

Une fois la prise de conscience sur le danger du coronavirus actée, les Marocains ont été courageux et en première ligne dans la promotion du « Restez chez vous » dans les médias sociaux, n'hésitant pas à partager la page du ministère de la Santé et à manifester leurs intérêts par les *likes* sur les anticipations prises par le Roi.

Bien sûr, ces résultats ne peuvent être généralisés, mais laissent penser la tendance générale et le climat qui règne. À travers sa page, le ministère de la Santé a attiré l'attention de milliers d'utilisateurs qui cherchent du sens et de la crédibilité dans un web inondé de *fake news*. 1,5 million de *followers* et une note de 4,8/5, on peut dire que grâce à une communication basée sur la stratégie de contenu (statistiques, *lives*, explications...), le service de communication et les *community* managers ont pu réussir leur mission à l'image du pays qui, malgré le manque de moyens, a pu éviter le pire.

Conclusion

Le confinement lié à la crise sanitaire de la Covid-19 a poussé les citoyens à faire un passage forcé au monde digital. Si les recherches se sont tournées ces derniers temps vers les technologies, les recherches réalisées sur l'adoption, l'usage et l'appropriation des technologies dans la discipline du management des systèmes d'information remontent à quatre décennies.

En revanche, les médias sociaux qui ont envahi nos vies, notre manière de nous exprimer, de communiquer, d'agir ont fait apparaître de nombreux avantages tout comme des inconvénients, ceux-ci nous invitent à mener davantage de recherches dans ce sens.

Nous ne partageons pas complètement l'avis de Carr (2003) et Strassman (1985) qui disaient que les dépenses consacrées aux technologies d'information n'apportent pas de bénéfices aux organisations et qu'elles ne constituent aucun avantage concurrentiel. Au Maroc comme ailleurs, avec l'annonce du confinement, les organisations qui ont investi dans les TIC ont pu facilement réussir cette transition, beaucoup de gens ont opté pour le télétravail, et les réseaux sociaux ont permis de pallier au manque de contact et de continuer à travailler sans y être préparés (enseignants, cadres, médecins…). Notons qu'après la compagne de boycott initiée par le peuple contre de grandes marques et le mouvement du *hirak* sur Internet, la forte fréquentation des réseaux sociaux par les Marocains a une nouvelle fois prouvé toute la place qu'occupent ces plateformes web 2.0 dans ce pays.

Le contenu est très important en période de crise non seulement pour répondre aux besoins des internautes et pour créer du sens dans une situation ambiguë à travers les interactions, c'est ce que nous avons démontré dans le cas du ministère de la Santé publique. Le *social content* occupe aujourd'hui une place indéniable dans la stratégie de communication des organisations (publiques ou privées). 91 % des entreprises des secteurs *BtoB* utilisent le *social content* en 2019, 86 % dans le *BtoC* et 78 % des responsables marketing le voient comme l'avenir de leur profession (Demand Metric).

Dès lors que cette crise sanitaire sera passée, nous devrons réfléchir sérieusement au vrai sens de cette transformation digitale et aux défis que le monde devra affronter en dressant un bilan à tous les niveaux sur ses avantages et ses limites. Si effectivement la Covid-19 était un levier inespéré de la transformation digitale de la société, faut-il céder la place aux technologies et remplacer les relations humaines ?

Bibliographie

AGARWAL R., GUODONG G., DESROCHES C. and ASHISH K. J. (2010), Research commentary - The digital transformation of healthcare : Current status and the road ahead. Information Systems Research 21 (4) : 796 – 809.

ALTER N. (2005), *L'innovation ordinaire*, PUF, Paris, 284 p.

AUTISSIER D., VANDANGEON I., VAS A. (2014), *Conduite du changement : concepts clés : 50 ans de pratiques issues des travaux des auteurs fondateurs*, 2e édition, Paris, Dunod, 257 p.

BIANCHI J., KOULOUMDJIAN M.F. (1986), « Le concept d'appropriation », in *L'espace social de la communication*, RETZ, CNRS.

CARR N. (2003), "IT Doesn't Matter", Harvard Business Review, Boston, HBR OnPoint Collection, n° 3566, p. 41-49.

CIBORRA C.U. (2000), "A critical review of the litterature on the management of corporate information infrastructure", dans Ciborra C. U. (ed), From control to drift : The dynamics of corporate Information Infrastructure, Oxford : Oxford University Press.

DE VAUJANY F.X. (2000), « Usages d'un intranet et processus de structuration de l'organisation », *Systèmes d'Information et Management*, Vol. 5, N° 2, p. 79-100.

DESQ S., FALLERY B., REIX R. & RODHAIN F. (2016), « 25 ans de recherche en Systèmes d'information », *Systèmes d'information & management*, Vol. 21 (2), p. 115-141.

FULK J. (1993), "Social construction of communication technology", Academy of Management Journal, Vol. 36, N° 5, p. 921-950.

HATCHUEL A. (1996), « Coopération et conception collective. Variétés et crises des rapports de prescriptions », dans de Terssac et Friedberg (Eds), *Coopération et Conceptions*, Toulouse, Octarès éditions.

MERCIER P.A. (2008), « Liens faibles sur courants faibles. Réseaux sociaux et technologies de communication », *Informations sociales*, Vol. 147, N° 3, p. 20-31.

MILLERAND F. (1998), « Usages des NTIC : les approches de la diffusion, de l'innovation et de l'appropriation », *Commposite*, Vol. 98, N° 1.

NABITY-GROVER T., CMK CHEUNG., THATCHER J.-B. (2020), "Inside out and outside" in: "How the Covid-19 pandemic affects self-disclosure on social media", *International Journal of Information Management*, Vol. 55, December 2020.

ORLIKOWSKI W. J. (2000), « Using Technology and Constituting Structures : a Practice Lens for Studying Technology in Organizations », Organization Science, 11, 4, pp. 404-428.

SHORT J., WILLIAMS E., CHRISTIE B. (1976), The social psychology of telecommunications, London : John Wiley.

STRASSMAN P. A. (1985), *Information Payoff : The Transformation of Work in the Electronic Age*, N.Y., Free Press, 1985, 298 p.

TAHRI W., EL KADIRI I. (2020), « Sensemaking dans l'usage des technologies et de l'intelligence artificielle : Une fiction réaliste », *Journal of Information System and innovation*, Vol. 4, N° 1, p. 4-18.

CASILLI A., TUBARO P. (2012), Social Media Censorship in Times of Political Unrest - A Social Simulation Experiment with the UK Riots.., Bulletin of Sociological Methodology, SAGE Publications, 115 (1), pp. 5-20.

UHLIG R.P., FARBER D.J., BAIR J. H. (1979), The office of the future, Vol. 1 : Communication and computers, Monograph series of the international council for computer communications, North-Holland, 379 p.

VAAST E. (2002), « De la communauté de pratique au réseau de pratique par les utilisateurs d'intranet – quatre études de cas », *Système d'Information et Management*, Vol. 2, N° 7, p. 81-103.

WEICK K.E. (1995), *Sensemaking in organizations*, Sage publications, California, 231 p.

2

L'intelligence économique au temps de la Covid-19

Fairouz NAJI
Enseignante-chercheuse
École nationale de commerce et de gestion d'El-Jadida
Université Chouaib Doukkali
naji_fairouz@hotmail.com

Mariem LIOUAEDDINE
Enseignante-chercheuse
Université Ibn Tofail, Kénitra
liouaeddine@gmail.com

Résumé

« Ce qu'il y a d'unique dans la crise actuelle, c'est la rapidité avec laquelle elle est survenue, a évolué et perturbé nos vies… » *C'est en ces mots que Mintzberg (2020) a qualifié la pandémie Covid-19. Une crise multidimensionnelle, à échelle planétaire et aux lourdes conséquences (OMS, 2020), dont l'impact économique est jugé sans précédent (Banque mondiale, 2020 ; OCDE, 2020 ; WEF, 2020). Aussi, qu'elles soient publiques ou privées, les entreprises se sont-elles retrouvées confrontées à une crise inédite et singulière mettant à mal leur fonctionnement et mettant, pour beaucoup, en cause leur survie. Car une chose est certaine, en temps de crise, la manière dont est menée sa gestion est à l'origine de la survie de l'entreprise ou sa disparition (Frimousse et Peretti, 2020).*

Dans cette réflexion, nous préconisons l'adoption de l'Intelligence économique (IE) comme mode de gouvernance consubstantiel à une intelligence des crises dans le contexte pandémique actuel. L'objectif étant d'élucider les mécanismes qui sous-tendent la relation entre la pratique de l'IE, au sein des organisations, et l'optimisation de la gestion de la crise. De ce fait et sur la base d'un raisonnement déductif, nous avons adopté une approche en deux temps. D'abord, nous développons les fondements théoriques de la crise et de l'intelligence des crises ; ensuite, nous dévoilons le rôle de l'IE, à travers son triptyque – veille-sécurité-influence - dans l'atteinte de cette finalité, à savoir une sortie intelligente de la crise actuelle qu'est la pandémie Covid-19.

Mots-clés : pandémie, Covid-19, crise, intelligence économique, intelligence des crises.

Bien que les avancées scientifiques en matière de santé aient permis de prévenir et de contrôler de nombreuses maladies infectieuses, beaucoup de nouvelles infections apparaissent, souvent de portée épidémique (Satcher, 1999). Tel est le cas de la maladie du Coronavirus (Covid-19), qualifiée de pandémie par l'Organisation mondiale de la santé (OMS), le 11 mars 2020. Elle a touché à la date du 15 août 2020, une population de 21 026 758 personnes à travers le monde et causé le décès de 755 786 personnes[1]. Une crise sanitaire aux multiples perturbations et graves retombées socio-économiques.

L'économiste M'Fadel El Halaissi dans un article publié par la CFCIM[2], le 7 mai 2020, explique que :

« La crise sanitaire qui secoue actuellement le monde comporte dans son sillage trois crises interdépendantes : une crise sanitaire avec ses bouleversements intrinsèques et ses lots de morts, une crise économique sans précédent touchant l'économie réelle en profondeur et, enfin, une crise sociale et institutionnelle[3]. »

La pandémie Covid-19 est, donc, une crise multifacettes conduisant à des conséquences multi-échelles impactant plusieurs acteurs, dont les entreprises, publiques ou privées, qui se sont retrouvées confrontées à une crise imparable mettant à mal leur fonctionnement et mettant, pour beaucoup, en cause leur survie, faisant ainsi de la lutte contre la menace du Coronavirus une nécessité et non un choix. En outre, il ne s'agit pas uniquement de s'adapter aux nouvelles conditions dictées par cette crise, mais aussi d'adopter une stratégie proactive.

Partant du fait que, en période de crise, la façon adoptée pour sa gestion est ce qui tranche dans la survie d'une entreprise ou sa disparition et du principe que rien ne sert de se précipiter sur des outils ou des dispositifs si ces derniers ne s'inscrivent pas dans des raisonnements justes (Le Boterf, 2008), nous préconisons l'adoption de l'Intelligence économique au service de l'optimisation de la gestion de la crise. Notre objectif dans cette réflexion n'est pas d'analyser les causes de la pandémie Covid-19 qui sont sujettes à de multiples divergences, ni de traiter de ses répercussions, puisqu'à ce jour, elles continuent de sévir et donc ne sont pas/ne peuvent être complètement recensées ; mais de nous pencher sur la manière de les gérer intelligemment.

De ce fait, la question qui sous-tend ce chapitre d'ouvrage est comment l'intelligence économique (IE) à travers son triptyque – veille-sécurité-

---

1. https://covid19.who.int, (consulté le 15-08-2020).
2. La Chambre française de commerce et d'industrie du Maroc.
3. https://www.cfcim.org/magazine/76001, (consulté le 15-08-2020).

influence – peut-elle outiller l'entreprise pour faire face à la crise pandémique Covid-19 ?

Afin d'y répondre, dans un premier temps, nous présentons le concept de la crise et le passage à une intelligence des crises. Dans un second temps, nous traitons du concept de l'intelligence économique et de son triptyque et nous discutons l'importance de sa mobilisation en situation de crise.

1. Des crises à l'intelligence des crises : une revue de la littérature

Beaucoup d'auteurs se sont penchés sur la notion de crise et les définitions qui lui ont été attribuées sont multiples et variées. Nous avons retenu celles qui nous ont paru les plus adaptées au contexte pandémique actuel

Hermann (1963) définit la crise comme « un événement surprenant les individus, restreignant leur temps de réponse et menaçant leurs objectifs prioritaires ». Slaikeu (1990) la décrit comme étant « une situation qui présente un dilemme et la nécessité d'un jugement, décision qui débouche sur un changement pour le meilleur ou pour le pire. » Shrivasta (1993) quant à lui, qualifie la crise de « processus de transformation induit par une rupture majeure qui force à la restructuration des systèmes sociaux, humains, technologiques et naturels » et « d'événement à faible probabilité et à fort impact » (Shrivastava et *al.*, 1988).

Libaert (2001) avance qu'elle est « un changement brutal et soudain entre deux états, qui provoque une rupture d'équilibre ». Dans le même sens, Roux-Dufort (2003) la présente comme « un processus qui, sous l'effet d'un évènement déclencheur, met en éveil une série de dysfonctionnements ». Heiderich (2010), pour sa part, parle d'« un moment transitoire et périlleux qui peut conduire à une rupture définitive entre deux états, demandant de prendre dans l'urgence et avec discernement des décisions conséquentes soumises au jugement du réel ».

Mintzberg (2020) atteste qu'il s'avère « très difficile de faire des prédictions plausibles quand on a affaire à des situations exceptionnelles et singulières… et que pour que les choses fonctionnent, trois acteurs doivent jouer un rôle : le gouvernement doit protéger les citoyens ; les entreprises doivent être responsables ; les associations communautaires doivent être robustes ».

Il est intéressant à ce niveau de rappeler les sept principaux critères identificateurs d'une situation de crise, recensés par Crocq et *al.* (2009) dans l'ouvrage *Gérer les grandes crises*, à savoir :

1. rupture dans la continuité des événements ;
2. point de bifurcation (ou de plurifurcation) ;

3. menace pour le fonctionnement et les valeurs des individus et de la communauté ;
4. a un enjeu grave (pour la vie, l'intégrité, la liberté, etc.) ;
5. implique l'urgence et la nécessité d'agir ;
6. survient souvent en situation dégradée (manque d'informations, inadéquation des moyens, manque de contrôle) ;
7. se déroule sous tension psychologique (stress) des individus et des groupes.

Il ne fait aucun doute que les sept critères sont réunis dans la pandémie Covid-19 et que le monde dans sa quasi-totalité fait face à une crise sans précédent (OMS, 2020 ; WEF, 2020). Une crise qui a débordé du cadre strictement sanitaire pour devenir crise économique et sociale de très grande ampleur, générant ainsi une crise humanitaire imparable (OIT, 2020a, 2020b ; OXFAM, 2020).

Afin d'évaluer cette crise pandémique, nous nous basons sur les trois critères adoptés par l'Institut national des hautes études de sécurité (INHES), à savoir : vies perdues, emplois détruits et pertes financières.

S'agissant des vies perdues, elles s'élèvent, comme précisé préalablement, à la date du 15 août 2020, à 755 786 vies (OMS, 2020). En ce qui concerne les emplois détruits, l'Organisation internationale du travail estime que le nombre d'heures travaillées dans les pays de toutes les régions du monde a chuté de façon spectaculaire de 10,7 % au deuxième trimestre de 2020 par rapport au dernier trimestre de 2019, soit l'équivalent de 305 millions d'emplois à temps plein détruits[4].

Les petites et moyennes entreprises, les travailleurs indépendants et des milliers de salariés journaliers sont les plus durement touchés à cause de la perte d'emploi, du licenciement, de la réduction des salaires, la baisse des heures travaillées (OIT, 2020).

Les secteurs les plus touchés par la crise de la Covid-19 sont essentiellement ceux relatifs aux activités économiques dans les transports, le commerce de détail et de gros, l'industrie manufacturière, les activités immobilières, les loisirs et l'hôtellerie. Ces secteurs utilisent une main-d'œuvre abondante et emploient des millions de travailleurs souvent peu rémunérés, peu qualifiés, notamment dans le domaine de l'hôtellerie et de la restauration et dans le commerce. Ainsi, les difficultés économiques vont toucher particulièrement de manière grave les travailleurs de ces secteurs qui représentent 1,25 milliard de travailleurs à travers le monde, soit près de 38 % de la main-d'œuvre mondiale (OIT, 2020). D'autant plus que l'effet de

---

[4]. Note de synthèse le monde du travail et la Covid-19 réalisée en juin 2020 sous la direction de l'OIT.

cette crise sera dévastateur pour les régions du monde à fort nombre d'emplois ne disposant pas de couverture en protection sociale et aussi caractérisées par la prépondérance du travail informel à l'instar de l'Afrique.

Enfin selon le Fonds monétaire international (2020), le système financier a subi un impact considérable et une intensification de la crise pourrait porter atteinte à la stabilité financière à l'échelle mondiale. La Banque mondiale (2020), quant à elle, qualifie la récession économique actuelle de la pire depuis la Seconde Guerre mondiale et annonce une diminution du PIB mondial de 5,2 % cette année. Ces chiffres alarmants alertent sur la gravité de la crise actuelle et, vu la rapidité d'expansion de la Covid-19 et selon l'avis de différents experts, chercheurs et institutions (Frimousse et Peretti, 2020 ; OCHA, 2020), les chiffres précités sont, malheureusement, appelés à augmenter.

Dans ce contexte pandémique, toute entreprise souhaiterait dépasser la crise et « revenir à la situation antérieure ayant prévalu avant la crise ou ce qu'on appelle le *old normal*. Ceci par opposition au *new normal*, c'est-à-dire la nouvelle situation, normalité ou trajectoire résultant de l'impact d'une crise » (Mintzberg, 2020)[5]. Ces faits établis, la question qui se pose donc, avec acuité est : comment gérer cette crise ? Mais, avant tout, qu'entendons-nous par gestion de crise ?

Le concept de gestion de crise ne répond pas à une définition consensuelle et est interprété de différentes façons selon les institutions, les États ou les chercheurs (Tardy, 2009 ; Morin, 2012). Mais nous pouvons avancer qu'il s'agit de la méthodologie d'action face à la crise[6] ; que c'est un processus qui comprend l'anticipation/veille, l'identification et l'analyse des situations de crise, le développement de scénarios et de stratégies pour surmonter la crise ainsi que la mise en place et le suivi de mesures adéquates (Fink, 1986 ; Drucker, 1990 ; Lagadec, 1991, 1993 ; Combalbert, Delbecque, 2018). La gestion de la crise s'alignerait, donc, sur le cycle de vie de cette dernière, au travers de trois principales phases à savoir la phase préventive, la phase curative et la phase postcrise, celle de l'apprentissage à travers le retour d'expérience (Combalbert, 2018).

---

[5]. Entretien avec Henry Mintzberg, *L'économiste* du 06/08/2020.
https://www.leconomiste.com/article/1065624-henry-mintzberg-les-strategies-s-apprennent-mais-ne-se-planifient-pas

[6]. Sur le portail de l'Intelligence économique, concernant la gestion de crise, nous pouvons lire : « On désigne par crise tout événement qui survient brusquement, qui provoque une déstabilisation d'une organisation (État, entreprise) et qui s'accompagne d'une forte charge émotionnelle faisant perdre à cette organisation ses repères. La gestion de crise est la méthodologie d'action d'une entreprise, d'un État ou d'une collectivité territoriale face à une crise ponctuelle, souvent violente » https://portail-ie.fr/resource/glossary/76/gestion-de-crise, (consulté en août 2020).

Après avoir cerné le concept de crise et posé les jalons de sa gestion, nous nous sommes intéressées au dispositif qui permettrait aux entreprises d'anticiper et de prévenir les crises, de se protéger contre l'événement déclencheur et les facteurs aggravants, et enfin de réguler pour s'assurer une sortie stratégique et intelligente de la crise.

Notre réflexion s'est basée sur le fait que dans un environnement mondialisé, imprévisible, instable et turbulent, où les crises (différentes en nature et ampleur) ne sont plus un fait rare mais des phénomènes récurrents et systémiques, l'information stratégique est devenue le carburant (l'or noir) du XXIe siècle. En outre, il incombe à tout acteur économique de collecter, traiter et diffuser l'information nécessaire à la compréhension et l'anticipation des mutations affectant son environnement, de se protéger contre tous types de menaces et d'agir sur ce dernier pour tenter de modifier ses règles en sa faveur. Ces actions se trouvent réunies dans une démarche d'Intelligence économique.

Pour expliciter ce concept, nous nous appuyons sur la définition d'Henri Martre (1994, p. 11), paru dans le rapport « Intelligence économique et stratégie des entreprises », qui a été le rapport instigateur des recherches en la matière dans le monde francophone. *« L'intelligence économique peut être définie comme l'ensemble des actions coordonnées de recherche, de traitement et de distribution, en vue de son exploitation, de l'information utile aux acteurs économiques... »*, au travers du triptyque veille-sécurité-influence.

La démarche d'intelligence économique (IE), qui se fonde sur le concept du cycle du renseignement, maîtrise les flux d'informations et représente un puissant outil lors des crises frappant une entreprise (E. de Sablet, 2006). Elle « vise l'alignement de la stratégie aux exigences de l'environnement » (Achchab et Harrizi, 2013, p. 130).

La pandémie Covid-19 est une crise mondiale et systémique. Au sujet de ce type de crise, Besson et Valtat (2010) soutiennent que :

« *Le risk manager est en première ligne. Il doit répondre aux craintes et aux attentes. Il doit percevoir un cercle de menaces qui ne cesse de s'élargir. Vigie de l'entreprise, il doit donc adapter ses propres capteurs, ses propres méthodes, ses processus. Il trouvera dans l'intelligence économique le concept et l'outil lui permettant de relever ce défi.* »

L'IE s'érige ainsi comme un outil salvateur.

Aussi, Guilhon et Moinet (2016) rappellent-ils que l'intelligence économique offre un cadre d'analyse permettant aux acteurs économiques d'exploiter les opportunités et de se prémunir contre les risques consécutifs aux évolutions de l'environnement. Par ailleurs :

« *Le terme « intelligence » dans « intelligence économique » sert à désigner les capacités d'un acteur (individu ou organisation) à résoudre une problématique en liant les informations propres à son contexte ou environnement pertinent.* » (Alloing, Moinet, 2016, p. 142).

L'intelligence est devenue une nécessité pour réduire le risque et l'incertitude dans la prise de décision (Bensoussan, Fleicher, 2003, 2007). Elle « *présuppose de la capacité d'un individu, d'une organisation ou d'une nation à lier et hiérarchiser des contextes afin d'en dégager des logiques d'action* » (INHES, 2009, p. 6). Nous discutons dans la partie qui suit des logiques d'action qu'offre l'IE aux entreprises au temps de la Covid-19 pour en sortir de manière intelligente.

2. L'IE pour une sortie intelligente de la crise : veiller, sécuriser, influencer au temps de la Covid-19

> « *En temps de crise, les environnements sociaux, politiques, économiques et technologiques produisent une succession de changements radicaux. Ceux-ci sont générateurs de complexité par leurs aspects à la fois globaux, universels et parfois irréversibles. L'élément déterminant réside dans le fait que ces changements sont interactifs. L'intelligence économique (IE) est aujourd'hui considérée comme une véritable politique publique au service des intérêts collectifs.* » (Groupe IE INHES, 2009, p. 3)

Notre propos, ici, est d'analyser, les actions de l'IE et leur mobilisation pour une intelligence des crises.

2.1. La veille

Au début du XVIe siècle Machiavel avait statué que « L'habituel défaut de l'homme est de ne pas prévoir l'orage par beau temps ». Sénèque, quant à lui, disait : « Il n'est pas de vent favorable pour celui qui ne sait où il va. » Transposées dans le monde de l'entreprise, ces maximes soulignent l'importance de l'anticipation, des prévisions et pointent le danger de leur absence. Une entreprise qui ne saurait anticiper, en temps de fonctionnement normal, pourrait sombrer en période de crise. Faute d'informations stratégiques, elle ne saurait quelle direction prendre ni laquelle éviter puisqu'elle ne saurait déceler ni les opportunités de la première, ni les menaces de la seconde.

L'information utile et stratégique « *est celle dont ont besoin les différents niveaux de décision de l'entreprise ou de la collectivité, pour élaborer et mettre en œuvre de façon cohérente la stratégie et les tactiques nécessaires à l'atteinte des objectifs définis...* » (Martre, 1994, p. 11). Ce que confirme M. Porter (1985) qui a prouvé, par le biais de multiples recherches et travaux, que pour prendre la bonne décision, il faut donner la bonne information au bon moment à la bonne personne. Cette information qualifiée de stratégique ne peut être obtenue que par une démarche structurée de veille.

Sur ce sujet, se profile une littérature prolixe ; théories, études et travaux ayant abordé la question abondent. Nous retiendrons que chercheurs et praticiens s'accordent pour dire que la veille est un processus continu de collecte, traitement et diffusion des informations stratégiques visant à permettre à toute organisation de réagir face aux opportunités ou aux menaces de son environnement quelles qu'elles soient (Wilensky, 1967 ; Harbulot, Baumard, 1996 ; Renaudin, Altemaire, 2007 ; Hassid, 2011).

En temps de fonctionnement normal, la veille est nécessaire car la nature de l'information collectée et diffusée permet à l'entreprise de prendre des décisions stratégiques de nature à lui créer de la valeur. En temps de crise, un système de veille défaillant ou inexistant menacerait de manière imminente l'existence même de l'entreprise. Qualifiée de veille de crise, elle permet de détecter et cerner l'événement crisogène, d'en estimer le degré d'urgence et de préparer la réponse adéquate à adopter. Si l'urgence et la dangerosité de l'événement crisogène, la pandémie Covid-19, ne sont plus sujets à débat, d'une part, l'imbrication des acteurs concernés la rend complexe et la forte contradiction dans les informations relayées floute la perception de la réalité et la rend difficile à cerner. D'autre part, la désinformation, qui est étroitement liée à la pandémie Covid-19, depuis son apparition, a approfondi l'incertitude et complexifié son appréhension par les entreprises.

La veille de crise s'attachera à réduire au maximum ces degrés d'incertitude et de complexité ; ceci, principalement, par la collecte aussi bien de signaux forts que de signaux faibles au sein d'une cellule de veille opérationnelle renforcée. Cette dernière sera considérée comme le moyen premier de recherche d'informations pendant la crise et permettra à l'entreprise d'avoir une réactivité optimale de perception, d'anticipation, de décision et d'action pour mieux contrer les impacts de la pandémie Covid-19 surgis et sévissant de manière abrupte. Elle aura également pour mission de cartographier les risques, facteur fondamental de bonne gouvernance.

Certaines entreprises font le choix d'investir dans des dispositifs de veille automatisés. Nous relèverons, à ce sujet, deux points importants. D'un côté, le choix de ce dispositif devrait être averti, fruit d'un recensement de besoins précis et réfléchi afin d'éviter d'avoir des outils inefficients. D'un autre côté, pour sa veille, l'entreprise ne devrait pas se passer complètement de l'expertise humaine qui reste, à notre sens, indispensable pour le bon fonctionnement d'un processus de veille. À cet égard, nous prônons l'hybridation homme-machine pour optimiser la démarche de veille. Ceci en toutes circonstances, et principalement en temps de crise où la réactivité est déterminante pour l'avenir de l'entreprise.

Par ailleurs, l'importance de la veille ne se limite pas uniquement à l'amont de la crise, mais aussi à son aval. Elle intervient dans la collecte et la capitalisation des enseignements et expériences de la gestion de la crise et permet de répertorier à la fois les défaillances et les facteurs de réussite de cette dernière. Un enrichissement de connaissances, appelé retour d'expérience (RETEX), participe au développement de la résilience des entreprises face aux crises.

Dans un contexte pandémique, acquérir, traiter et diffuser l'information stratégique permettra à l'entreprise de mieux préparer l'aspect défensif de l'intelligence économique qu'est la sécurité/protection et celui offensif, représenté par l'influence. Cette démarche synergique réactive et proactive – par la maîtrise des flux d'informations – constitue un puissant système curatif de la crise.

De l'information stratégique et pertinente tout le temps, partout et par tous, tel est l'ultime enjeu de la veille. Face à la déstabilisation et à la vulnérabilité engendrées par la pandémie Covid-19, protégée et transformée en action, elle devient un enjeu de disparition ou de survie et pérennité pour l'entreprise.

2.2. La sécurité

Nous empruntons à la Délégation interministérielle de l'intelligence économique (2015) la définition qu'elle attribue au concept de sécurité économique :

« Par essence défensif, le concept de sécurité économique consiste à identifier et évaluer les risques sécuritaires et les menaces qui pèsent sur les activités matérielles et immatérielles de l'entreprise pour mettre en place les mesures de protection adaptées. »

L'Institut national des hautes études de la sécurité a recensé les huit familles de risques et de menaces qui pèsent sur l'entreprise, sous forme d'éventail (Figures 1 et 2, ci-dessous).

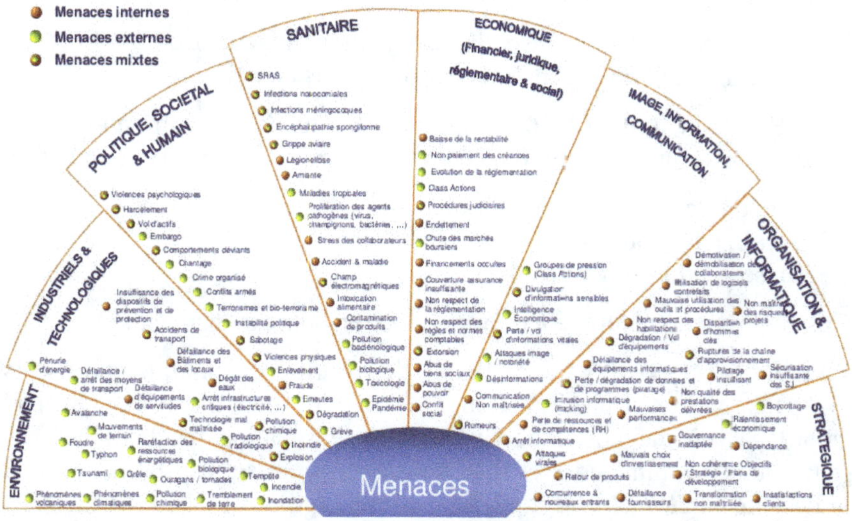

Figure 1 : **Familles de risques et menaces pesant sur l'entreprise**[7]

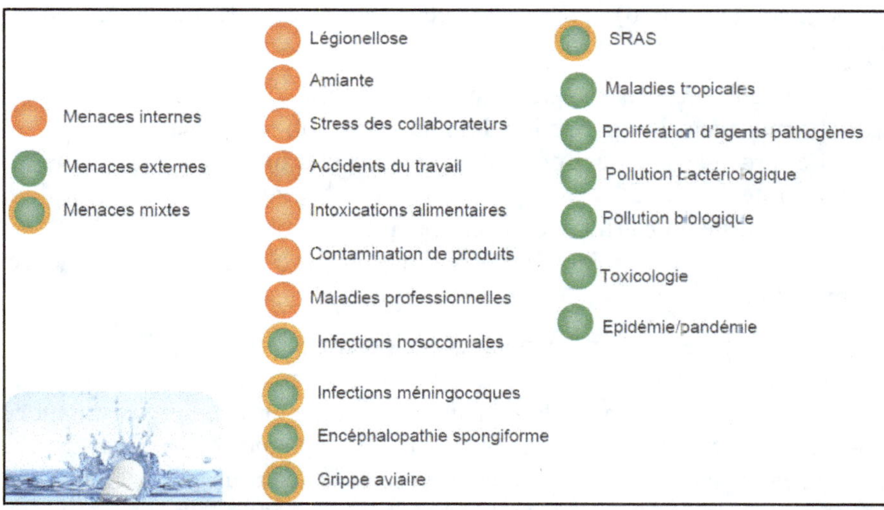

Figure 2 : **Zoom sur les risques sanitaires**[8]

Nous constatons que les pandémies figurent dans les risques sanitaires en tant que menace externe. Le SRAS, quant à lui, forme de coronavirus causant une pneumonie atypique, a été classé en tant que menace mixte. Issue de la même famille (celle des coronavirus), et au vu de ses répercussions, la pandémie Covid-19, pouvons-nous admettre, est tout autant une menace à la fois endogène et exogène. Outrepassant le cadre sanitaire et menaçant les

---

[7]. Source : INHES-MININT (2010).
[8]. *Ibid.*

intérêts vitaux de l'entreprise, l'événement crisogène Covid-19, la rend vulnérable. Il s'agit de s'en prémunir, par le biais de l'IE.

Pour Hassid et Juillet (2016), l'entreprise est tenue de mettre en place une démarche de sécurité économique en trois étapes complémentaires que sont :

1. L'audit de sécurité économique.
2. Le plan de protection.
3. La sensibilisation.

Ces étapes prennent toute leur importance en contexte pandémique.

La première étape est celle de l'audit de sécurité économique, qui consiste principalement en l'identification et l'analyse des menaces. On passe d'abord par un diagnostic de l'impact de la situation pandémique sur le capital humain, immatériel et matériel de l'entreprise. Ce dernier s'appuie sur des indicateurs chiffrés qui fournissent un état des lieux actuel de la situation, tout en permettant d'en assurer le suivi et de s'en représenter l'évolution dans l'entreprise en son ensemble.

Pour Bulinge (2010), l'audit de sécurité est tenu de traiter les points suivants :

- L'organisation : organigramme, fonctions clés…
- Le management : protection des intérêts, gestion de l'image…
- Les processus métier : processus de veille et d'intelligence économique, sécurité des SI…
- La sécurité du patrimoine matériel et informationnel.
- Le processus projet : sécurisation du cycle projet, émergence, maturité…

Aux points recensés par Bulinge, nous ajouterons la sécurité du patrimoine humain englobant le bien-être physique et celui psychique des ressources humaines. Une attention toute particulière est à porter à ce dernier durant ce contexte pandémique. À ce propos et dans l'optique priorité à l'humain que nous prônons, nous recommandons la mise en place d'un plan de vigilance humain au sein de toutes les organisations, peu importe leur type, taille ou secteur, dont le but serait d'appréhender en temps réel la situation sanitaire des ressources humaines à la fois sur les plans physique et psychique et d'alerter sur toute menace.

L'audit de sécurité rend visibles les menaces, répertorie les facteurs crisogènes et dévoile les défaillances au niveau de l'entreprise dans son ensemble mais également les opportunités qui peuvent potentiellement découler de cette pandémie. D'où l'importance de cette étape, la finalité étant d'identifier les répercussions négatives mais aussi de détecter les possibilités de transformer la crise en opportunités.

La deuxième étape consiste à définir les mesures destinées à résorber les écarts constatés au niveau de l'audit de sécurité. Ces mesures s'inscrivent dans un plan de protection qui doit se baser sur des objectifs de progression, assortis d'indicateurs chiffrés et d'échéance. Les actions qui y sont menées doivent être appropriées, précises, claires, homogènes et englober l'ensemble des activités et des fonctions de l'entreprise touchés par la crise. À travers le plan de protection, le but est :

- de résorber les écarts existants *via* des mesures adaptées et augmenter ainsi les perspectives de sortir de la crise aux moindres coûts humains et financiers. Tout l'enjeu pour l'entreprise est donc de réduire les risques à un niveau qui n'entrave pas son fonctionnement ;
- d'éviter l'amplification des conséquences actuelles et l'apparition de nouvelles en mettant en place des indicateurs de suivi et en sensibilisant l'ensemble des collaborateurs aux conséquences directes et indirectes de la pandémie et aux mesures destinées à y faire face.

Enfin, la *troisième étape*, qu'est la sensibilisation, est le meilleur moyen de remporter l'adhésion d'un utilisateur (Aghroum, Calé, 2014). Elle consiste en l'appropriation de la démarche de sécurité économique et des modalités de sa mise en œuvre par l'ensemble des acteurs de l'entreprise, leur mobilisation étant un élément majeur car elle conditionne le succès ou l'échec de cette démarche destinée à faire primer l'intérêt général. En outre, les actions de sensibilisation, en plus de permettre aux collaborateurs d'être conscients des actions et gestes à adopter, leur permettent d'être plus vigilants, attentifs aux gestes à ne pas commettre, et de détecter et alerter sur toute anomalie dans leur environnement de travail (Hassid et Juillet, 2016).

Aussi, s'agit-il de rappeler que le patrimoine informationnel de toute organisation, dans un monde immatériel en constante évolution et turbulence, est un capital à protéger en continu et en permanence. Ce patrimoine, s'il est collecté et traité stratégiquement, confère un avantage durable à l'entreprise.

En temps de crise, l'exigence de sécuriser son patrimoine informationnel devient une priorité car *« Toute crise est aussi une crise d'information… Qui ne maîtrise pas cette crise d'information ne maîtrisera pas la crise, y compris dans ses aspects directement opérationnels. »* (Scanlon, 1982). L'entreprise étant plus vulnérable, tout manque, fuite, vol, divulgation, perte d'informations mettrait son existence en péril. Les informations stratégiques recueillies et les connaissances produites doivent faire l'objet d'un audit de sécurité qui identifiera et évaluera les risques informationnels et sera accompagné d'un plan de protection approprié.

Par ailleurs, la propagation de la pandémie Covid-19 s'est accompagnée de prédations et déstabilisations informationnelles, alertant sur l'importance de sécuriser son patrimoine aussi bien immatériel que matériel. En adoptant l'audit de sécurité, suivi d'un plan de protection adapté, l'entreprise se donne les moyens de la continuité de son activité. Il s'agit de passer de l'anticipation, et parallèlement avec la protection/le plan de sécurité, à l'action qui fait référence à la dimension de l'influence de l'IE.

2.3. L'influence

L'intelligence économique permet à l'entreprise de s'informer *via* la veille, de se protéger *via* la démarche de sécurité et en stade ultime, d'adopter une stratégie d'influence qui consiste en « *une allocation de ressources informationnelles et une mobilisation de vecteurs, visant à orienter les attitudes et comportements d'individus ou de publics en agissant sur leur perception.* » (François, Zerbib, 2015, p. 19). En situation de crise, il est question de la façon dont l'entreprise influencera les parties prenantes de la crise – qu'il faudra, au préalable, identifier, ainsi que leur position – pour traverser la crise et réinstaurer crédibilité et confiance.

À cet égard, diverses stratégies peuvent être conduites. De nombreuses publications ont déjà proposé des classifications qui, pour la plupart, se recoupent par leur contenu ; il est possible de les regrouper selon les typologies recensées dans le tableau 1.

Stratégies d'influence	Tactiques
Stratégie de pression	– Exercer une pression indirecte sur l'opinion publique et médias pour s'assurer de leur soutien, de leur compréhension face à la crise, et créer une image positive pour l'organisation
Stratégie d'interaction	– Financement politique ou indemnisation – Création d'une coalition d'acteurs au moment de la crise ou à long terme pour la prévention des risques ou limitation de ce type de crise dans le futur
Stratégie de coopération	– Alliance stratégique avec des acteurs influents
Stratégie de neutralisation	– Prendre contrôle de l'information auprès des médias – Neutraliser les opposants

Tableau 1 : **Stratégies d'influence**[9]

[9]. Source : E. de Sablet, (2006) ; Guilhon, Moinet (2016).

Nous soulignons également l'importance, lors de cette crise pandémique, d'identifier et de se positionner par rapport aux décisions et projets publics susceptibles d'avoir un impact sur l'entreprise.

Ces stratégies d'influence en temps de crise, et les tactiques qu'elles portent, s'imbriquent, se suivent, s'additionnent... le choix se fera en fonction de l'évolution de la crise et de ses parties prenantes. Elles dépendent également, selon E. de Sablet (2006), du niveau d'action : recherche d'intérêts de l'organisation ou recherche d'intérêts collectifs et publics.

L'influence, dans ce contexte pandémique, s'appuie directement sur la veille de crise et se mène en parallèle avec le plan de sécurité. En effet, « *l'action est fondée sur la connaissance qu'a l'entreprise d'elle-même et de son environnement, dans une perspective de création de valeur. La fonction d'interprétation se conjugue à la combinaison de moyens et de résultats pour développer les capacités de l'entreprise.* » (Said, 2006, p. 60). Toujours selon Said (2006), l'IE aurait ainsi deux fonctions : l'une scientifique, représentée par la construction de connaissances ; l'autre stratégique, cherchant à influencer la construction de l'avenir.

Ces deux fonctions indissociables et complémentaires sont indispensables pour la continuité des activités de l'entreprise en temps de crise. À ce propos, la Confédération générale des entreprises marocaines a proposé, en mars 2020, un modèle de Plan de continuité d'activité (PCA) à destination des entreprises pour faire face à la Covid-19. Nous avons ajouté pour chaque scénario envisagé les dimensions de l'IE à intégrer pour une sortie intelligente de la crise. Nous présentons dans le tableau 2 (qui suit), le PCA sur lequel nous avons greffé la démarche d'IE :

	Scénarios	Objectifs	Stratégies	Dimensions de l'IE
A	**Éclosion/propagation de l'épidémie** Faible pénurie de ressources	**Assurer des activités normales**	• Mettre en œuvre une organisation de crise • Identifier les activités critiques et stratégiques	• Veille de crise • Sécurité économique • Influence
B	**Épidémie** Pénurie modérée de ressources	**Maintenir les activités stratégiques et critiques**	• Activer le plan de continuité des activités • Mettre l'accent sur les activités critiques et stratégiques	• Veille de crise • Sécurité économique • Influence
C	**Épidémie majeure** Importante pénurie de ressources	**Maintenir les activités stratégiques**	• Assurer des activités stratégiques • Maintenir l'organisation de crise opérationnelle	• Veille de crise • Sécurité économique • Influence
D	**Déclin épidémique** Pénurie modérée de ressources	**Reprendre les activités critiques**	• Activer le plan de rétablissement • Surveiller l'évolution de la situation	• Veille sur la base du RETEX • Sécurité économique • Influence
E	Reprise des activités	**Reprendre les activités à un niveau normal**	• Lever la gestion de crise • Capitaliser	• Veille sur la base du RETEX • Sécurité économique • Influence

Tableau 2 : **IE corrélée au PCA**[10]

Criticité 1 : Activités qui peuvent être temporairement suspendues (Niveau A)
Criticité 2 : Activités critiques qui doivent être maintenues (Niveaux B et D)
Criticité 3 : Activités stratégiques qui doivent nécessairement être maintenues (Niveau C)

L'Intelligence économique, mode de gouvernance et outil de pilotage stratégique, va intervenir lors de l'apparition de signes de crise et tout au

[10]. Source : (CGEM,020).

long du cycle de vie de la crise (phase préventive, phase curative, phase postcrise). Elle permettra à travers son triptyque :

1. *la Veille*
   – d'anticiper les signaux annonciateurs de la menace par la collecte d'informations stratégiques ;
2. *la Sécurité*
   – de se protéger contre la menace par le biais de mesures à la fois préventives et correctives ;
3. *l'Influence*
   – de dépasser la réactivité à la proactivité et de passer à la régulation.

En somme, L'IE contribuera, dans un cadre offensif/défensif et de manière réactive et proactive, à faire face à la menace de la Covid-19. Ainsi l'entreprise pourra coordonner actions et mesures en amont, en aval et en synchronisation avec la pandémie afin d'être, de manière stratégique et intelligente, dans l'anticipation, la lutte et la prévention. La finalité étant d'inhiber les répercussions de la Covid-19 sur l'ensemble des activités, tout en s'assurant une sortie intelligente de crise.

Par ailleurs, R.M. Grant (1995) disait que :

« Les stratégies réussies contiennent typiquement quatre ingrédients : elles sont orientées vers des objectifs, elles sont basées sur une compréhension intime de l'environnement externe, elles sont fondées sur une connaissance approfondie de ses capacités internes par l'organisation elle-même ou par ses membres, elles sont mises en œuvre avec une volonté, une coordination, une exploitation efficace des capacités et une implication de tous les membres de l'organisation ».

Cette coordination est d'autant plus importante en période de crise.

Outil de pilotage stratégique au service des intérêts collectifs, l'IE est également une pratique participative qui sert à féconder et mobiliser l'intelligence collective, à la fois en temps de fonctionnement normal et lors du déclenchement d'un événement crisogène. Toutefois, sans distribution réfléchie des rôles de chacun, garante d'une coordination stratégique, elle perd son pouvoir mobilisateur. À cet effet, nous proposons la distribution des rôles suivante, qui est à notre sens un gage du bon déroulement des pratiques de l'IE en temps de crise.

Le rôle à jouer par la Direction générale

Initiatrice de la démarche, la Direction générale est le premier acteur-clé. Elle se doit en premier lieu d'expliciter les enjeux et finalités poursuivis, en fonction de la gravité de la situation. De clarifier la stratégie, en temps de crise, en vainquant l'incertitude des différentes directions, de l'encadrement, des salariés et de leurs représentants afin que le dispositif, mis en place, soit crédible.

Il paraît essentiel aussi que la DG joue la carte de la transparence et renforce sa communication, que ce soit auprès de ses managers, des collaborateurs ou des partenaires sociaux. Une bonne communication constituera un gain de temps pour l'ensemble des acteurs. La DG se doit également d'identifier tout élément crisogène, ainsi que d'évaluer son impact sur l'ensemble des activités et fonctions de l'entreprise.

En sus, elle est tenue, d'une part, d'impliquer les managers en les faisant participer à l'élaboration des actions nécessaires à l'accompagnement des collaborateurs. Elle doit garantir leur adhésion en faisant valoir que leur participation active est indispensable pour accélérer la reprise des activités. D'autre part, la DG doit régulièrement présenter à chaque collaborateur, en fonction de l'évolution de la situation pandémique, une vision, la plus claire possible, des scénarios envisagés.

Le rôle à jouer par les managers

Dans les organisations hiérarchiques, l'encadrement joue un rôle crucial. Le manager répond à un double enjeu : il relaie et explicite les orientations de la DG en matière de lutte contre la Covid-19 et mobilise les collaborateurs. Il s'agira pour les managers de permettre aux collaborateurs d'avoir une vision de la situation de l'entreprise et des actions qui sont menées. Leur objectif principal étant de les sensibiliser à la démarche d'IE. Ceci en leur faisant comprendre ses enjeux, dans le but de donner un sens à ce qui leur est demandé. Les managers doivent également être acteurs par l'écoute et le conseil du recueil des besoins et appréhensions des collaborateurs et les aider à poursuivre leurs activités en adéquation avec la stratégie de l'entreprise, tout en s'assurant du transfert des acquis des actions de la DG.

Notons, à ce propos, que l'accompagnement des managers dans la conduite du changement en période de crise doit être optimisé. L'entreprise ne doit pas se suffire d'actions en formation mais devra accompagner le management sur le terrain. Le suivi opérationnel est indispensable au bon déroulement de l'implémentation d'une démarche d'IE dans le contexte pandémique actuel.

Le rôle des collaborateurs

Impliquant une démarche volontariste, l'objectif des pratiques d'Intelligence économique est de faire adhérer les collaborateurs. À les amener à prendre conscience, qu'en contexte pandémique, leur implication est non seulement importante mais nécessaire. À cet égard, chaque collaborateur est tenu de s'engager à :

- reconnaître la gravité de la crise pandémique sur tous les plans et à prendre conscience des coûts apparents et cachés qu'elle génère ;
- participer à l'intelligence collective permettant de détecter les menaces et de les éviter et de détecter les possibilités de transformer la crise en opportunités ;
- être acteur de manière dynamique, sur les plans individuel et collectif, de la réduction des impacts de la Covid-19.

L'implémentation et l'intégration de la démarche d'IE à tous les niveaux de l'organisation requièrent l'adhésion et la coordination stratégique de l'ensemble des acteurs. Nous reprenons la formalisation de l'IE de (Achchab, Harrizi, 2013) qui souligne le poids de la coordination.

$$\mathbf{IE = V * I * P + C}$$

Veille

Influence

Protection

Coordination
(aussi bien des acteurs que des activités)

Cette coordination est fondamentale pour la gestion de tout type de crise, surtout quand il s'agit d'une crise de l'ampleur de la pandémie Covid-19, où l'intérêt individuel dépend fortement de l'intérêt collectif et où féconder l'intelligence collective et faire émerger une intelligence globale devient une condition *sine qua non* pour une sortie de crise intelligente. Une sortie de crise où l'entreprise ne sera pas amenée à disparaître mais à renaître de ses cendres.

Conclusion

L'objectif de notre contribution était d'élucider les mécanismes qui sous-tendent la relation entre la pratique de l'intelligence économique (IE), au sein des organisations, et l'optimisation de la gestion de la crise. Pour ce, nous avons adopté deux principaux niveaux d'analyse ; un premier niveau où nous avons retracé le cheminement parcouru des crises à l'intelligence des crises et un second, où nous avons dévoilé le rôle de l'IE dans l'atteinte de cette finalité, à savoir une sortie intelligente de la crise actuelle qu'est la pandémie Covid-19 aux répercussions multiples et variées.

Nous avons, ainsi, pu mettre en évidence que l'intelligence économique, à travers son triptyque – veille-protection-influence - s'érige comme un mode de gouvernance et un outil de pilotage stratégique pour les organisations confrontées aux fluctuations de l'environnement et aux crises multiformes et multidimensionnelles ; qu'elle est une démarche consubstantielle à l'anticipation, gestion, sortie et Rex de la crise, dont le déploiement, en cette période de pandémie, devrait être considéré, par l'entreprise, comme un impératif du présent et non comme une tendance du futur. Un impératif pour sa survie par temps de crise, sa viabilité, sa pérennité et sa performance.

Néanmoins, l'IE est loin d'être une pratique courante dans le champ organisationnel marocain et son importance/nécessité pour une sortie intelligente de la crise est encore ignorée ou négligée. L'IE afin de prendre toute la place stratégique qu'elle mérite, devrait s'accompagner d'une prise de conscience du rôle crucial qu'elle joue dans la collecte de l'information, sa gestion et sa diffusion. Information qui est l'essence de toute décision stratégique et force motrice de toute sortie de crise. Comme disent, à juste titre, Guilhon et Moinet (2016, p. 54). « *L'Intelligence économique est une appréhension du monde, fondée sur la valeur ajoutée du traitement de l'information* ».

Finalement, ce travail ouvre de nouvelles perspectives de recherche et propose d'élargir la réflexion à l'adoption d'une démarche nationale d'Intelligence économique en temps de crise. L'utilisation de l'IE comme dispositif étatique permettra d'optimiser la gestion de cette dernière à tous les niveaux. L'État marocain pourrait, par ce biais, coordonner actions et mesures en amont, aval et en synchronisation avec la pandémie Covid-19 afin d'être, de manière stratégique et intelligente, dans l'anticipation, la lutte et la prévention de la crise.

Bibliographie

ACHCHAB B., HARRIZI D. (2013), « Les défis de l'intelligence économique au Maroc », *La Revue Gestion et Organisation*, 5 (2), p. 130-137.

AGHROUM C., CALE S. (dir.) (2014), *Protection de l'information, Pourquoi et Comment sensibilise*r, Paris, L'Harmattan.

ALLOING C., MOINET N. (2016), « L'IE comme dimension du management et de la culture d'entreprise : des nouvelles relations à l'information », dans *Intelligence économique*, p. 142-148.

ALTEMAIRE A., AENAUDIN H. (2007), *Gestion de crise : mode d'emploi : principes et outils pour s'organiser et manager les crises,* Rueil-Malmaison, Éditions Liaisons.

BANQUE MONDIALE (2020), *Rapport de suivi de la situation économique au Maroc*, juillet 2020

BENSOUSSAN B. & FLEICHER, C-S. (2003), *Strategic and Competitive Analysis : Methods and Techniques for Analyzing Business Competition*, New Jersey, Prentice Hall.

BENSOUSSAN B. & FLEICHER C-S. (2007), *Business and Competitive Analysis : Effective Application of New and Classic Methods*, New Jersey Prentice Hall.

BESSON B., VALTAT P-V. (2010), *Le Risk manager et l'intelligence économique*, Paris, IFIE éditions – AMRAE.

BULINGE F. (2010), *Management stratégique de l'information, de la veille stratégique à l'intelligence économique*, Paris, Wéka.

COMBALBERT L. (2018), *Le management des situations de crise : Anticiper les risques et gérer les crises*, Paris, Esf.

COMBALBERT L., DELBECQUE E. (2018), *La gestion de crise*, Paris, « Que sais-je ? »

CGEM (2020), *Plan de Continuité d'Activité (PCA) à l'usage des entreprises face à la pandémie Covid-19*, mars 2020.

CROCQ L., HUBERSON S., VRAIE B. (2009), *Gérer les grandes crises, sanitaires, écologiques, politiques et économiques*, Paris, Odile Jacob.

DÉLÉGATION INTERMINISTÉRIELLE À L'INTELLIGENCE ÉCONOMIQUE (2015), « *Références et notions-clés d'intelligence économique* ».

DRUCKER P. (1990), *Managing in Turbulent Times*, London, Taylor and Francis.

FINK S. (1986), *Crisis management. Planning for the Inevitable*, New York, Amacom.

FMI (2020), « Gestion de la dette en période de pandémie », Série spéciale sur la Covid-19, IMF, IMF Monetary and Capital Markets.

FRANÇOIS L., ZERBIB R. (Dir.) (2015), *Influentia. la référence des stratégies d'influence,* Limoges, Éditions Lavauzelle.

FRIMOUSSE S., PERETTI J.-M. (2020), « Les répercussions durables de la crise sur le management », EMS Éditions « Question(s) de management » 2020/2, n° 28 p. 159-243.

GRANT R. M. (1995), *Contemporary Strategy Analysis*, New-Jersey, Wiley-Blackwell.

GUILH, ON A., MOINET N. (2016), *Intelligence économique, s'informer, se protéger, influencer*, Montreuil, Pearson France.

HARBULOT C., BAUMARD P. (1996), « Intelligence économique et stratégie des entreprises : une nouvelle donne stratégique », Cinquième Conférence annuelle de l'Association Internationale de Management stratégique, le 14 mai 1996.

HASSID O. (2011), *Le management des risques et des crises*, Paris, Dunod.

HASSID O., JUILLET A. (2016), « La sécurité économique des entreprises », dans *Intelligence économique*, p. 166-174.

HEIDERICH D. (2010), *Plan de gestion de crise*, Paris, Dunod.

HERMANN C. (1963), « Some Consequences of Crisis which Limit the Viability of Organizations », *Administrative Science Quarterly* 8, 1, pp. 61-82.

INHES (2009), « À quoi sert l'intelligence économique en période de crise », 05/2009, Base de Connaissance AEGE.

LAGADEC P. (1991), *La gestion des crises, outils de réflexion à l'usage des décideurs,* Paris, Ediscience.

LAGADEC P. (1993), *Apprendre à gérer les crises*, Paris, Éditions d'Organisation.

LE BOTERF G. (2008), *Repenser la compétence*, Paris, Éditions Eyrolles.

LIBAERT T. (2001), *La Communication de crise*, Paris, Dunod, Les Topos.

MARTRE H. (1994), « Intelligence économique et stratégie des entreprises », Paris, *La Documentation française*.

MINTZBERG H. (2020), « Pour rester calme au cœur de la crise », HEC Montréal | « Gestion » 2020/2, Vol. 45 | p. 22 -25.

MORIN E. (1976), « Pour une crisologie », le Seuil, |*Communications*, n° 25, p. 149-163.

MORIN E. (2012), « Pour une crisologie » Le Seuil | « Communications », n° 91, p. 135-152.

OCDE, (2020), « Coronavirus (Covid-19) : Des actions conjointes pour gagner la guerre ».

OCHA (2020), « Global humanitarian response plan covid-19 », United Nations coordinated appeal, April - December 2020.

OIT (2020a), « Le Covid-19 et le monde du travail : Répercussions et réponses », 1e édition, 18 mars 2020.

OIT (2020b), *« Le Covid-19 et le monde du travail. Estimations actualisées et analyses* », 4e édition, 27 mai 2020.

OMS (2020), « Mise à jour de la stratégie Covid-19 ».

OXFAM (2020), « « LE PRIX DE LA DIGNITÉ. Un plan de sauvetage pour tou-te-s » pour endiguer les ravages économiques de la crise du coronavirus et rebâtir un monde plus égalitaire », Document d'information médias d'Oxfam, 9 avril 2020

PORTER M. (1985), *Competitive Advantage. Creating and Sustaining Superior Performance*, Free Press, New York.

ROUX-DUFORT C. (2003), *Gérer et décider en situation de crise*, Paris, Dunod.

SABLET E. (de) (2006), *L'Intelligence économique au service de la gestion des risques et des crises : la crise d'Air Canada*, Mémoire MBA Recherche, juillet 2006, ESG UQAM.

SAID A. (2006), « Rôle de l'intelligence économique dans la stratégie de l'entreprise », *Vie & sciences de l'entreprise*, 2006/4, n° 173, p. 59-67.

SCANLON J. (1982), « Crisis communications : The ever present gremlins », Emergency Communication Unit, Reference to Comcon'82, Arnprior, Ontario, 26 May 1982.

SLAIKEU K. A. (1990), *Crisis intervention : A handbook for practice and research* (2nd ed.), Boston, Allyn & Bacon.

SHRIVASTAVA P., MITROFF I., MILLER D., MIGLIANI A. (1988), « *Understanding Industrial Crises* », *Journal of Management Studies*, Vol. 25, no. 4, p. 285 – 303.

SHRIVASTAVA P. (1993), « Crisis theory/practice : Towards a sustainable future, Industrial and Environmental Crisis », *Quarterly*, 7 (1), p. 23-42.

TARDY T. (2009), *Gestion de crise, maintien et consolidation de la paix*, Paris, De Boeck Supérieur.

WEF (2020), « Emerging Priorities and Principles for Managing the Global Economic Impact of Covid-19 », Chief Economists Outlook, April 2020.

WILENSKY H. (1967), *Organizational Intelligence : Knowledge and Policy in Government and Industry*, New York, Basic Books.

3

Gouvernance RH à l'ère de la pandémie Covid-19. Quel impact sur la performance d'entreprise ?

- Atlantic zone franche Kénitra

Nabila CHNAIDA
Doctorante
École nationale de commerce et de gestion d'El-Jadida
Université Chouaib Doukkali
chnaida.n@ucd.ac.ma

Abdelhak SAHIB EDDINE
Enseignant-chercheur
École nationale de commerce et de gestion d'El-Jadida
Université Chouaib Doukkali
sahibeddine@yahoo.fr

Fairouz NAJI
Enseignante-chercheuse
École nationale de commerce et de gestion d'El-Jadida
Université Chouaib Doukkali
naji_fairouz@hotmail.com

Résumé

La crise liée à la propagation de la Covid-19 a eu, au Maroc, un impact prononcé sur les entreprises et leurs acteurs. Plusieurs d'entre elles se sont mobilisées en adoptant différentes mesures afin de minimiser ou atténuer les effets de la pandémie et maintenir l'activité économique. Cette crise interroge les grandes fonctions d'entreprises, dont l'une est particulièrement scrutée ici : celle des ressources humaines. Aussi, la présente étude traite-t-elle, à travers une série d'interviews avec des DRH d'entreprises implantées au Maroc, l'impact de la gouvernance RH sur la performance d'entreprise.

Mots-clés : crise sanitaire, Covid-19, gouvernance RH, performa.

Le contexte de la crise sanitaire apparue en décembre 2019 à Wuhan et survenue au Maroc en mars 2020, interroge la gouvernance de l'entreprise en général et la gouvernance RH en particulier. Cette recherche a pour objectif d'analyser l'impact de la gouvernance RH sur la performance d'entreprise ainsi que le rôle joué par la fonction RH et les DRH pendant la crise sanitaire, à travers la perception des DRH eux-mêmes.

La problématique traitée dans cette recherche s'articule autour de la question : *Quel est l'impact de la gouvernance RH sur la performance des entreprises pendant la période de la crise sanitaire ?* Et dans cette logique, nous avons posé les questions suivantes : la gouvernance RH pendant la crise sanitaire s'est-elle orientée vers des mesures défensives ou plutôt offensives ? Quel est le rôle de DRH pendant la crise sanitaire ?

Dans ce chapitre d'ouvrage, nous allons commencer par une revue de littérature sur la gouvernance RH, la performance RH et sur le rôle du DRH pendant la crise sanitaire, puis nous apporterons des points d'éclairage sur la méthodologie mobilisée, ensuite, nous présenterons les résultats de la recherche et leurs analyses.

1. Revue de littérature

1.1. Le concept de la gouvernance RH

La gouvernance des ressources humaines est un domaine relativement nouveau de la recherche et de la pratique. Il existe peu de sources documentaires et le concept lui-même est actuellement assez vague. Le terme semble remonter aux années 1990 ; certains auteurs se réfèrent à des aspects organisationnels très spécifiques de la gestion de la fonction RH comme « gouvernance » (Festing, 1997 ; Ulrich & Lake, 1990), plus tard comme « gouvernance RH » (Kesler, 2000 ; Ulrich 1997a, 1997b ; Ulrich, Beatty, 2001).

Dans ce sillage, le cabinet de conseil mondial Mercer Inc. a présenté en 2003 un cadre théorique et pratique de gouvernance des RH dans probablement la première tentative d'établir la gouvernance des RH comme un concept complet et distinct.

En 2016, les premières normes internationales ISO sur la gestion des ressources humaines ont été publiées, l'une d'entre elles - ISO 30408 - couvrant uniquement les aspects de gouvernance (ISO, 2016). Bien que la norme ISO traite clairement de la gouvernance des RH, elle y fait référence en tant que « gouvernance humaine », qui peut donc être utilisée comme synonyme.

Cependant, ce terme a été presque exclusivement utilisé dans le contexte de la politique et de l'économie, caractérisant une gouvernance humaine des sociétés basée sur des valeurs morales et religieuses, par opposition à une gouvernance inhumaine (Hanapiyah et *al.,* 2016 ; Salleh et *al.*, 2009).

Seules quelques tentatives ont été faites pour relier la gestion des ressources humaines au concept global de gouvernance (exemple : Beatty et *al.,* 2003 ; Gospel, Pendleton, 2004 ; Hathaway, 2010 ; Martin, Gollan, 2012 ; Ibrahim, Zulkafli, 2016 ; Konzelmann et *al.*, 2006 ; Martin et *al.,* 2016). Tous se sont basés sur des définitions très spécifiques et plutôt étroites de la gouvernance d'entreprise. Afin de parvenir à une compréhension théoriquement et pratiquement utile de la gouvernance des RH, un cadre conceptuel cohérent est nécessaire, qui permette une intégration de tous les aspects connexes.

Dans le cadre de la gouvernance (d'entreprise), la gouvernance RH est le cadre de comportement interne et externe de la gestion des ressources humaines de multiples acteurs (= GRH, gestion des personnes, leadership) et son contrôle (= supervision GRH, surveillance GRH) dans une entreprise et ses unités constituées de normes formalisées et qui sont elles-mêmes le résultat de l'influence constitutive de multiples parties prenantes. Encore une fois, cette définition tient compte de plusieurs aspects importants du concept de gouvernance des RH.

Premièrement, la gouvernance des ressources humaines est la partie de la gouvernance générale liée aux personnes (l'autre partie est la gouvernance des questions technico-factuelles, non liées aux personnes, telles que le modèle d'entreprise ou la plupart des aspects de la forme juridique de l'entreprise). *Deuxièmement*, et par conséquent, ce n'est pas une activité, mais un cadre réglementaire et, en tant que tel, le résultat d'une gestion constitutive et d'une régulation externe. *Troisièmement*, il couvre la gestion de tous les employés et membres du conseil d'administration, ainsi que les structures organisationnelles fondamentales de toutes les sous-unités organisationnelles, y compris le « service RH » (et les conseils/comités RH). Cependant, sa pièce maîtresse est le modèle de gestion, qui peut être défini comme des normes formalisées qui stipulent pourquoi, par qui et comment une organisation ou une unité organisationnelle particulière considère que son peuple est géré. *Quatrièmement*, il existe à tous les niveaux organisationnels. L'ensemble de l'organisation a une Gouvernance RH, mais aussi de toute unité jusqu'à chaque métier. En cela, la gouvernance RH de l'unité supérieure détermine non seulement les gouvernances RH de ses sous-unités, mais également toute l'influence stratégique et opérationnelle de la gestion RH. Il n'inclut pas les normes relatives à la simple exécution/conduite d'opérations par des humains, car les normes de gouvernance (contrairement aux normes stratégiques et opérationnelles) ne couvrent par définition que le comportement managérial. Par conséquent, alors que, par exemple, les règles sur le harcèlement ou la corruption ne font pas partie de la gouvernance des RH, les règles sur la responsabilité de définir ces règles le sont. *Cinquièmement*, la gouvernance des RH peut être fragmentée ou globale, cohérente ou contradictoire, efficace ou inefficace. Dans tous les cas, elle existe toujours. Et *sixièmement*, la gouvernance étant un cadre comportemental de normes formalisées, il s'ensuit donc que la gouvernance interne des RH est un instrument de gestion, un instrument qui régule les tâches de gestion des ressources humaines, les activités de gestion des ressources humaines et les instruments de gestion des ressources humaines relevant de son champ d'application.

1.2. Le concept de la performance d'entreprise

Étymologiquement, « performance » vient de l'ancien français « performer » qui signifiait « accomplir, exécuter » au XIIIe siècle (*Le Petit Robert*). Le verbe anglais « *to perform* » apparaît au XVe siècle avec une signification plus large.

Dans ce sillage, le concept de performance est couramment utilisé tant dans la littérature que dans les milieux organisationnels pour désigner un certain niveau d'excellence. Il reste, cependant, relativement ambigu dans la mesure où il est très galvaudé dans le langage courant. Par ailleurs, bien qu'il soit largement utilisé, il ne fait pas l'unanimité autour d'une définition et d'une mesure précise ; celles-ci dépendent, en effet, de l'objectif visé, de la perspective d'analyse choisie ainsi que du champ d'intérêt de son utilisateur.

« Est performance dans l'entreprise, tout ce qui, et seulement ce qui, contribue à atteindre les objectifs stratégiques » (Lorino, 1997). J.-B. Carriere (1999) conclut alors que la performance n'est rien d'autre que l'évolution de l'entreprise ou son agrandissement. Cette notion de performance peut se résumer à l'idée de réussite ou de succès de l'entreprise (Boyer, 1999 ; Mamboundou, 2003), réussite ne pouvant être obtenue sans sanction positive du marché (Barillot, 2001). Ainsi, Bessir (1999) note que malgré une certaine confusion ou flou qui entoure la définition de la performance, il existe quatre points de convergence entre les différentes définitions, à savoir :

- Le terme performance est souvent utilisé dans un contexte d'évaluation.
- La performance a plusieurs dimensions, dont le nombre est variable selon les auteurs.
- La performance est souvent mise en relation avec la cohérence et la pertinence. Le terme cohérence, qui ne soulève pas de difficulté dans la définition, fait référence à des décisions qui sont logiques entre elles et par rapport à une échelle de préférence. Le terme pertinence, contrairement au terme cohérence, n'a pas de définition précise. Alors

que la pertinence se définit habituellement en relation avec un utilisateur et une intention, dans certains cas, elle est confondue avec la cohérence et dans d'autres cas, elle est assimilée à la précision ou l'exactitude. L'articulation de ces différents termes fait apparaître la performance comme le résultat d'une simple sommation de pertinence et de cohérence ou comme le produit d'une boucle itérative entre ces deux mêmes termes. La performance, la cohérence et la pertinence sont respectivement la dimension objective, la dimension rationnelle et la dimension subjective de toute évaluation valide.

- La performance n'est pas un concept qui se définit de manière absolue ou objective, elle est considérée par les auteurs comme étant un concept subjectif.

Par ailleurs, la performance a longtemps été un concept unidimensionnel, mesuré par le seul profit, en raison notamment du poids des propriétaires dans le processus de décision (Saulquin et *al.*, 2007). Plusieurs études, qui s'inscrivent dans un courant positiviste, étudient la plupart du temps la performance sous un angle financier et réduisent ce concept à une dimension simple centrée sur la seule dimension financière (Bourguignon, 1998).

La performance est un concept multidimensionnel « performance globale » difficile à mesurer techniquement. La performance globale est « l'agrégation des performances économiques, sociales et environnementales » (Baret, 2006). Marcel Lepetit la définit « comme une visée (ou un but) multidimensionnelle, économique, sociale et sociétale, financière et environnementale, qui concerne aussi bien les entreprises que les sociétés humaines, autant les salariés que les citoyens ». La gouvernance est définie, dans cette perspective, comme un mode de régulation entre une pluralité d'acteurs (publics ou privés, insérés ou non dans des réseaux) en situation d'interaction selon différents modes (plus ou moins hiérarchiques, marchands, non marchands ou contractuels), à différentes échelles (du local à l'international).

1.3. Les conséquences de la crise sur les entreprises marocaines

Selon une étude[1] menée par le Haut-Commissariat au plan, au 1er avril 2020, près de 142 000 entreprises, soit 57 % des entreprises au Maroc, ont arrêté leur activité. 3 % de ces entreprises ont procédé à un arrêt définitif, soit 6 300 entreprises contre 54 % ont arrêté temporairement leur activité, soit un total de 135 000 entreprises.

Les secteurs les plus touchés par cette crise et ayant subi les conséquences d'arrêt de leur activité sont comme suit : le secteur d'hébergement et la

---

[1]. Principaux résultats de l'enquête de conjoncture sur les effets de la Covid-19 sur l'activité des entreprises, avril 2020.

restauration viennent en tête de liste avec un taux de 89 % d'entreprises en arrêt, suivis des secteurs d'industries textiles et du cuir et les industries métalliques et mécaniques avec des taux de 76 % et 73 %, respectivement ; le secteur de construction vient en dernier lieu avec un taux de 60 % d'entreprises en arrêt.

En ce qui concerne les entreprises restées en activité et représentant 43 % du total des entreprises au Maroc, elles ont été directement ou indirectement influencées par cette crise. Ceci s'est traduit par la perte d'emploi, la baisse de production et la dégradation des exportations pour les entreprises exportatrices.

L'impact sur l'emploi : 27 % des entreprises en activité ont réduit temporairement ou définitivement leurs effectifs. Les secteurs les plus touchés par les pertes d'emplois sont le secteur des services (34 %), suivi du secteur industriel (27 %) puis les secteurs de construction et de commerce avec des taux de 23 % et 16 % respectivement.

L'impact sur la production : sur les 43 % des entreprises restant en activité, qu'elles soient des TPME ou Grandes entreprises, nous constatons qu'en moyenne 40 % des entreprises ont connu une baisse de 50 % et plus de leur production afin de s'adapter aux conditions imposées par la situation. Tandis qu'en moyenne 10 % d'entreprise ont réduit leur activité mais une réduction de moins de 50 %. Les secteurs qui ont connu le plus de baisses de production sont les suivants : le secteur de construction (62 %), suivi du secteur de services (54 %), ensuite le secteur d'industrie (46 %) et, enfin, le secteur de commerce (41 %).

L'impact sur les entreprises exportatrices : le secteur d'exportation est considéré comme un des secteurs les plus touchés par cette pandémie à cause des restrictions mises en place par la majorité des pays au niveau international. Après un mois à peine de la fermeture des frontières, seul un tiers (1/3) des entreprises exportatrices marocaines est resté en activité mais avec une baisse de production. Ce qui a engendré une perte de plus de 133 000 emplois, soit 18 % du total des emplois réduits tous secteurs confondus.

1.4. Intérêt de la fonction RH et rôle de DRH

La fonction RH et le DRH sont particulièrement sollicités pendant les moments difficiles afin de proposer des solutions à la fois défensives et offensives permettant à l'entreprise de s'adapter, voire d'assurer sa survie. La crise sanitaire a affecté les économies et les entreprises, Il est encore trop tôt pour avoir connaissance de tous les effets et impacts de cette crise longue et profonde sur la fonction RH. Mais nous pouvons porter notre attention sur plusieurs recherches liées à la crise (tous les types de crise) sur la fonction RH.

Selon Sanséau et *al.* (2013), quatre types de leviers associant des actions défensives et offensives paraissent avoir été mobilisés, au-delà des contextes nationaux (histoire, culture, système politique, législation du travail), des types d'activités et de l'intensité de la crise connue. Il est à noter qu'au final, les actions offensives sont plus nombreuses et plus fréquemment mobilisées que les actions défensives et que certaines actions peuvent présenter à la fois un caractère défensif et offensif (chômage partiel, par exemple).

Emploi

Actions offensives : processus d'embauche plus rationalisés, chômage partiel, recours aux travailleurs non permanents/intérimaires, réduction de l'outsourcing.

Actions défensives : licenciements immédiats et parfois massifs, gel des embauches, diminution des heures travaillées, chômage partiel, renvoi de la main-d'œuvre étrangère, réduction de l'outsourcing.

Évaluation et rémunération

Actions offensives : définition de nouveaux systèmes d'évaluation, de reconnaissance et d'attribution de récompenses, orientation de la rémunération sur la performance individuelle et les compétences réellement détenues et acquises.

Actions défensives : réduction du critère de séniorité.

Développement des compétences et formation

Actions offensives : émergence de la notion de compétence, optimisation des compétences présentes, rationalisation de la formation, meilleure association stratégie/formation, meilleure gestion des talents et des hauts potentiels.

Management

Actions offensives : développement ou renforcement d'un management suscitant la créativité et l'engagement organisationnel, meilleure association emploi-travail-performance.

Depuis toujours, la fonction RH se place au centre de l'organisation de l'entreprise. Un fait pas toujours admis. La gestion des différentes phases de la crise du coronavirus offre une occasion en or de démontrer cette réalité et les gains que peuvent en tirer toutes les composantes de l'entreprise.

En raison de la Covid-19, la direction des ressources humaines revient dans la partie. Elle a démontré et démontre qu'elle est au cœur des organisations de l'entreprise. De façon tout à fait cohérente, elle a été l'un des bras d'actions du comité exécutif de l'entreprise.

Dans une récente étude de l'ANDRH, 89 % des DRH interrogés ont déclaré être membres de la cellule de crise pour traiter des conséquences du coronavirus. Et 97 % ont formé un duo avec la direction générale, le CEO en particulier. Ces chiffres confirment le propos de Dave Ulrich, spécialiste des ressources humaines, tenu dans son célèbre ouvrage : *Human Resource Champions. The Next Agenda for Adding Value and Delivering Results* (1997) ; le DRH devient un partenaire stratégique en alignant la stratégie de l'entreprise et celle des ressources humaines dans une parfaite cohérence. Ce qu'on appelle aujourd'hui une démarche de *Business Partner*.

Une étude, menée par ADP CANADA, correspond au contexte marocain, vu qu'on partage la même situation : celle de la pandémie. Selon cette étude, le rôle des RH est devenu de plus en plus difficile au fil des derniers mois, le rôle des professionnels des RH ne se limite pas simplement à la gestion administrative, au recrutement et à la paie… ; les RH sont essentielles à la création d'une culture de travail positive, au maintien de l'engagement des employés et à la réussite de chaque organisation. D'après cette même étude, il s'avère que le rôle des professionnels des RH comporte plusieurs facettes et exige des personnes attentionnées, assidues et perspicaces ; en mesure de régler des problèmes à court comme à long terme grâce à des solutions stratégiques.

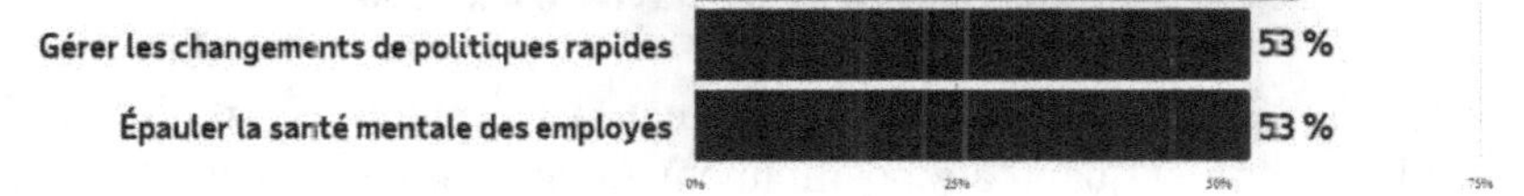

Figure 1 : **ADP Canada et Maru/Blue http://www.adp.ca**[2]

2. Cadre méthodologique et théorique

2.1. Cadre théorique de la recherche

Afin de comprendre et d'analyser le rôle joué par les DRH, nous retenons comme cadre théorique la matrice d'Ulrich (Ulrich, Brockbank, 2010).

2. Source : ADP Canada et Maru/Blue http://www.adp.ca

D. Ulrich (1999) a proposé un modèle du DRH de demain. Il est devenu extrêmement populaire dans la littérature managériale car il valorise un DRH d'un type nouveau, « champion » ou « expert ».

Selon Ulrich, quatre rôles présentés comme « incontournables » se sont vus attribuer au DRH :

- Être le partenaire de la stratégie de l'entreprise au quotidien (DRH *Business Partner*) ;
- Gérer et accompagner le changement (formation et développement des compétences) ;
- Administrer le quotidien (administration du personnel) ;
- Être le « coach » des collaborateurs.

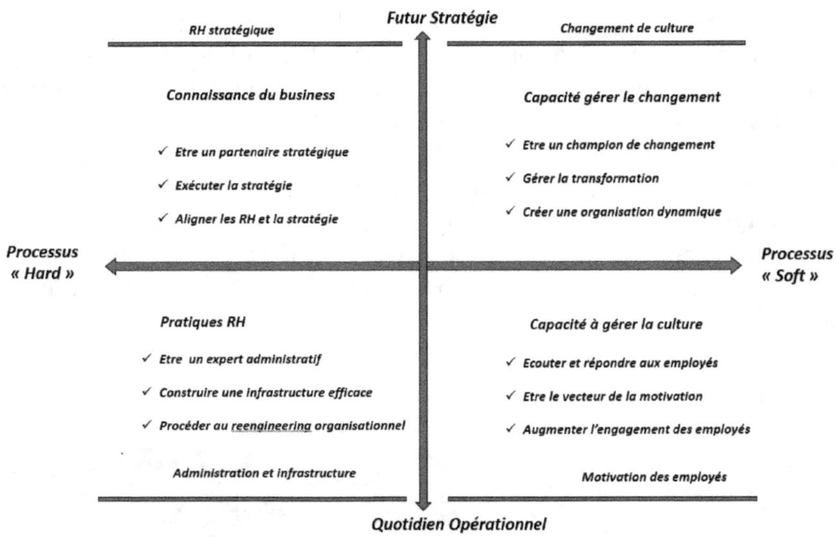

Figure 2 : **Matrice de Dave Ulrich 1990**

La matrice d'Ulrich a un double objectif. Le premier est d'offrir une nouvelle visibilité quant au positionnement et à l'action des RH tant à l'interne (sens des politiques et des actions) qu'à l'externe d'un département RH (outil de communication vis-à-vis de la direction générale, des managers, des employés, des représentants du personnel). Le second est d'inscrire les RH dans un rôle de partenaire stratégique, toute action impliquant les RH doit s'inscrire ainsi dans une réflexion globale au niveau de l'organisation.

Récemment, D. Ulrich a fait évoluer son modèle à travers plusieurs axes (Ulrich, Brockbank, 2010). Le rôle d'expert administratif a évolué pour faire place à un rôle d'expert fonctionnel, qui vise non seulement la performance des RH, mais aussi la valorisation de l'expérience concrète et utile. Le rôle de coach des salariés s'oriente vers un rôle de développeur de capital humain et un rôle d'avocat en faveur des salariés de l'entreprise. Les rôles de partenaire stratégique et d'agent de changement auraient de plus en plus tendance à se confondre. Enfin, le rôle du leader des RH au sein de l'organisation a été ajouté aux quatre rôles initiaux. Il convient également de souligner que ce modèle, proposé par D. Ulrich, possède tous les attributs du modèle normatif d'une certaine littérature managériale influencée par le contexte nord-américain et que même s'il apparaît être devenu incontournable, il demeure important de le confronter et de le discuter.

Le modèle d'Ulrich semble être devenu une référence pour les chercheurs en matière de rôles joués par les services et les professionnels RH puisqu'il a été repris dans plusieurs études récentes.

Selon Ulrich et Brockbank (2010), (Figure 3, ci-après), le DRH devrait incarner cinq rôles distincts :

– rôle d'expert fonctionnel ;
– rôle de développeur du capital humain ;
– rôle d'avocat des salariés ;
– rôle de stratège et d'agent du changement ;
– rôle de leader.

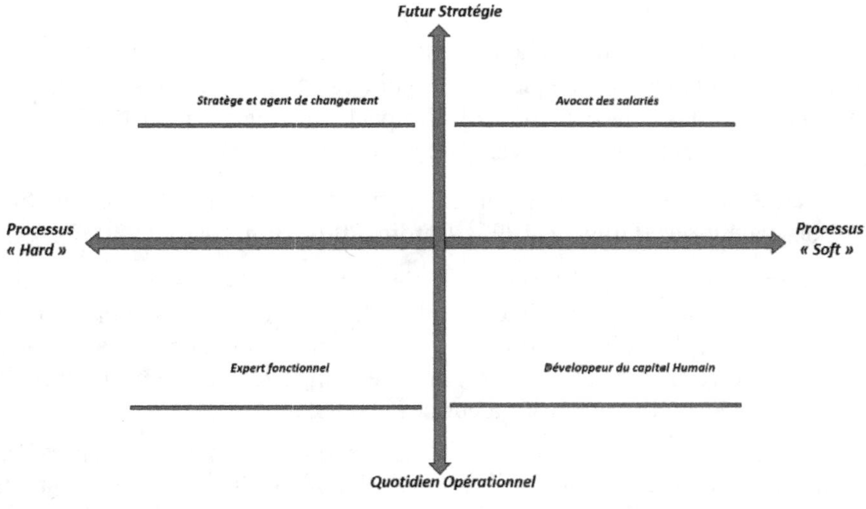

Figure 3 : **Matrice de Dave ULRICH 2010**

Si le modèle initial d'Ulrich (1999) mettait l'emphase sur l'avènement d'un DRH stratège et copilote du changement, le modèle de 2010 (Ulrich & Brockbank, 2010) souligne les rôles d'avocat des salariés et de leader. Le DRH serait donc d'une part, le premier « allié » des membres de l'entreprise, le plaçant dans un rôle de soutien et de défenseur, notamment dans les contextes turbulents qui caractérisent la réalité de la vie des entreprises. D'autre part, au-delà d'un rôle de stratège, le DRH endosserait un rôle de leader associant les notions de vision, de confiance et d'adhésion. L'idée est de dépasser une approche de l'entreprise dans ses dimensions internes et externes et de développer un axe visionnaire pour guider et anticiper l'après-demain, en étant à l'écoute des multiples parties prenantes gravitant dans et autour de l'entreprise et des réalités externes à l'évolution rapide. Nouveaux enjeux sociétaux, sociaux et humains, nouvelles compétences, nouveaux savoirs, le DRH se voit confier de nouvelles missions déterminantes pour le renouvellement et l'optimisation des RH de l'entreprise.

2.2. Méthodologie de recherche

Nous avons choisi d'approcher le terrain à travers une recherche exploratoire de type qualitatif, réalisée entre juillet et août 2020.

2.2.1. La méthode de recueil des données

Evrard et *al.* (2003) distinguent essentiellement deux modes de recueil des données dans les analyses qualitatives : l'observation et l'entretien. Le choix entre ces deux modes de recueil de données dépend de l'objectif de la recherche. Mais il dépend également de l'accessibilité des données, du coût et de la durée de recueil.

Dans le cadre de notre recherche, nous avons opté pour une méthode de recueil des données par enquête. Ce choix est justifié par nos objectifs de recherche, à savoir la détection de l'impact de la gouvernance RH sur la performance d'entreprise à travers la perception des DRH.

Généralement, les enquêtes par entretiens peuvent être classées en trois grandes catégories (Grawitz, 1996 ; Bardin, 2001 ; Evrard et *al.*, 2003).

L'entretien non directif : ce type d'entretien nécessite une intervention limitée de la part de l'interviewer. Dans le cadre des entretiens en profondeur, le rôle de l'interviewer consiste uniquement à ramener l'interviewé à la question d'origine de l'entretien. Ce type d'entretien permet une analyse en profondeur des résultats.

L'entretien semi-directif : c'est le mode d'entretien le plus utilisé en sciences de gestion parce qu'il permet d'aborder plusieurs thèmes précis. Dans ce genre d'entretien, l'interviewer indique un thème à l'enquêté comme pour les entretiens non directifs. Cependant, à la différence des entretiens non directifs, ici l'interviewer doit garder dans l'esprit un certain nombre de questions de relance permettant d'aborder les autres thèmes ou sous-thèmes définis au préalable par le chercheur.

L'entretien directif : il s'agit du type d'entretien où l'on accorde le moins de liberté possible aux interviewés. Ce type d'entretien se rapproche du questionnaire en face à face avec des questions ouvertes mais précises (Romelaer, 2005).

Dans cette recherche, l'étude qualitative s'adresse à huit (8) DRH de la zone industrielle de Kénitra, exerçant dans des grandes entreprises (secteur d'industrie d'automobile). Ils ont été interviewés dans le cadre d'entretiens semi-directifs d'une durée d'une heure (une heure) environ. Notre guide d'entretien semi-directif (voir annexe) est composé de 6 questions, réparties en trois (3) thèmes :

– Le lien entre la gouvernance RH et la performance d'entreprise.
– Les mesures mises en place dans le cas de crise sanitaire.
– Le rôle du DRH dans ce cas de crise.

La crise sanitaire nous a imposé d'effectuer des entretiens à distance à travers l'application Teams.

Dans le cadre de notre recherche, nous avons formulé trois (3) hypothèses :

H1. La crise sanitaire (Covid-19) a eu de nombreuses influences sur la gouvernance RH.

H2. : La gouvernance RH est orientée, dès le début de la crise sanitaire, vers des mesures défensives (gel des recrutements, arrêt de la production, licenciements) plutôt qu'offensives (formation, mobilité, développement des compétences).

H3. : Pendant la crise sanitaire, la mission du DRH est renforcée dans le rôle classique d'exécution de la politique GRH de l'entreprise associée à un rôle d'accompagnement des changements.

2.2.2. L'analyse de contenu

L'analyse de contenu est décrite comme l'une des techniques les plus utilisées dans les recherches qualitatives en gestion (Allard-Poesi et *al.*, 2003). Elle consiste à « repérer les noyaux de sens qui composent la communication (mots, expressions ou significations similaires, phrases et paragraphes) et dont la présence ou la fréquence d'apparition pourront signifier quelque chose pour l'objectif analytique choisi » (Bardin, 2001).

Ainsi, l'analyse de contenu est « un ensemble de techniques d'analyse des communications. » (Bardin, 2003 : 35), « Tout ce qui est dit ou écrit est susceptible d'être soumis à une analyse de contenu. » (Henry et Moscovici, 1968 : 36).

Dans le cadre de cette recherche, nous avons opté pour l'analyse de contenu manuelle. Cette méthode a pour objectif de rendre compte des dits des interviewés de la façon la plus objective.

2.3. Résultats et discussion

Tous nos interviewés ont confirmé que la crise sanitaire a mis les dirigeants de l'entreprise et les DRH (eux-mêmes) à l'épreuve : entre la prise de décisions rapides, à savoir l'organisation du télétravail, le suivi de l'activité ainsi que le maintien du dialogue social, *« ce n'est pas chose facile mais ces derniers temps nous n'avons pas le choix »*.

Quatre de nos interviewés ont mentionné l'impact positif de la crise sanitaire sur l'évolution de la fonction RH dans cette période *« nous avons passé par une période très difficile mais nous avons dépassé ce stade ; nous avons appris beaucoup de choses sur le niveau managériaux »*.

Six des personnes interrogées ont utilisé des leviers défensifs pendant la période de crise. 4 parmi 6 ont mentionné aussi que la période de crise sanitaire se compose de deux phases : 1) la période d'arrêt d'activité à cause du confinement, 2) la période de reprise de travail. Tous nos enquêtés ont confirmé que la gouvernance RH peut impacter la performance de l'entreprise pendant la période de crise.

La présentation des résultats est structurée autour de quatre (4) hypothèses :

Hypothèse 1 : la crise sanitaire (Covid-19) a eu de nombreuses influences sur la gouvernance RH.

La première hypothèse est confirmée, la crise sanitaire a profondément touché les entreprises et leur gouvernance RH.

Face à cette situation inédite, la fonction RH est plus que jamais sollicitée pour gérer cette phase et apporter les éléments de réponses à la fois au top Management et aux salariés. D'abord, elle doit être au cœur du dispositif de gestion crise, mise en place par l'entreprise, ensuite être une force de proposition en assurant une veille juridique et sociale, communication régulière et proposer des solutions d'organisation et d'accompagnement quelle que soit la décision prise par l'entreprise, à savoir : arrêt, réduction ou continuité d'activité.

Hypothèse 2 : la gouvernance RH est orientée, dès le début de la crise sanitaire, vers des mesures défensives (gel des recrutements, arrêt de la production, licenciements) plutôt qu'offensives (formation, mobilité, développement des compétences).

Les résultats de la recherche soulignent que les DRH indiquent avoir principalement utilisé des leviers défensifs ; alors, notre deuxième hypothèse est confirmée.

Selon nos interviewés, durant la période de confinement (mars à juin), la gouvernance RH est orientée, dès le début de la crise sanitaire, vers des mesures défensives : le chômage partiel, la diminution des heures supplémentaires, les arrêts de l'activité, les licenciements…

Hypothèse 3 : pendant la crise sanitaire, la mission du DRH est renforcée dans le rôle classique d'exécution de la politique GRH de l'entreprise associée à un rôle d'accompagnement des changements.

Durant la crise sanitaire, la plupart des DRH indiquent avoir mobilisé des rôles qui s'éloignent de l'administration des ressources humaines et qui se rapprocheraient davantage d'une dimension stratégique et d'accompagnement.

Hypothèse 4 : la gouvernance RH impacte la performance d'entreprise pendant la période de crise.

En période de crise, comme de changement, il est fondamental de penser en mode de la gouvernance RH.

D'après notre recherche, la gouvernance RH a un impact direct sur la performance d'une entreprise, et on peut le mesurer ; notamment à travers le coût de l'absentéisme du *turn-over* acceptation de changement, l'implication des collaborateurs même en cas de crise… Cet impact peut être positif ou négatif selon les décisions prises dans cette période et le mode de gouvernance adapté par l'entreprise.

Les résultats de cette recherche montrent que les entreprises sont passées par deux phases pendant la crise sanitaire : la première, c'est la phase de « confinement » : la plupart des entreprises ont arrêté l'activité, elles ont pris des mesures défensives (licenciements…) ; la seconde, phase dite de Reprise d'activité, se caractérise par plusieurs points positifs liés aux décisions prises (télé travail pour le cops administratif, les mesures de sécurité) et aussi la gouvernance RH (les objectifs *smart* mis en place et les décisions et les actions RH). Ainsi, durant cette phase, la plupart des DRH ont joué un rôle qui s'éloigne de tout ce qui est administratif et se rapproche plutôt de la dimension stratégique et d'accompagnement. Enfin, nos résultats nous permettent de questionner le modèle de gouvernance RH adapté par les entreprises.

Conclusion

Le dernier temps de cet article de recherche tend à réaliser une synthèse de notre travail. Ce dernier a pour finalité première de prouver l'impact de la gouvernance RH sur la performance de l'entreprise. Il s'agit de concentrer l'identification de l'importance de la gouvernance RH pendant la période de crise. L'attention est ainsi portée sur le rôle de SRH pendant cette période.

Ce chapitre d'ouvrage a mis le point sur la crise sanitaire. Comme conclusion, nous avons constaté que les entreprises ont souffert des répercussions de la crise liée à la Covid-19, mais en même temps la crise sanitaire a été une opportunité d'apprentissage à la fois individuelle et collective. Il est question d'un passage difficile qui permet, néanmoins, la remise en cause de la gouvernance RH et des certitudes managériales, des prises de décisions rapides et douloureuses et l'obligation d'innover.

Notre démarche, que nous souhaitons novatrice quant à notre objet de recherche et son champ d'application, vise à produire, d'une part, de la connaissance sur la gouvernance RH longtemps délaissée par la recherche scientifique et, d'autre part, à rendre cette connaissance praticable en analysant l'intérêt de la gouvernance RH.

Bibliographie

ADDED E., REFFARD W., DARTIGUEPEYROU C., SALOFF COSTE M. (2009), *Le DRH du IIIe millénaire*, Pearson/Village Mondial, Paris.

BARÈS F., CORNOLTI C. (2006), « Le DRH, un homme de pouvoir ? », *Revue française de gestion*, n° 165, p. 45-69.

BECKER B. and GERHART B. (1996), "The Impact of Human Resource Management on Organizational performance : Progress and Prospects", *Academy of Management Journal,* 39 (4) : 779-801.

BORIS Kaehler & JENS Grundei (2019), "HR Governance A Theoretical Introduction", PP41.

GRISÉ J., ASSSELIN J.-Y., BOULIANNE F. et LÉVESQUE A. (1997), « Les ressources humaines en tant que source d'avantage concurrentiel durable », dans Tremblay M. (ed), *GRH face à la crise : GRH en crise ?,* HEC Montréal.

HAUT-COMMISSARIAT AU PLAN (2020), « Rapport sur les principaux résultats de l'enquête de conjoncture sur les effets de la Covid-19 sur l'activité des entreprises », avril 2020.

THÉVENET M. (2009), *Manager en temps de crise*, Eyrolles/Éditions d'Organisation, Paris.

ULRICH D. (1997), *Human Resource Champions. The Next Agenda for Adding Value and Delivering Results,* Boston (Mass) : Harvard Business School Press.

ULRICH D., BROCKBANK W. (2010), *RH : création de valeur pour l'entreprise*, Bruxelles, De Boeck.

4

ÉVOLUTION DE LA Covid-19 AU MAROC ET CHANGEMENT COMPORTEMENTAL DU CONSOMMATEUR

Hind TAHTAH
Enseignante-chercheuse
École nationale de commerce et de gestion d'El-Jadida
Université Chouaib Doukkali
Tahtah.h@ucd.ac.ma

Résumé

La crise pandémique de la Covid-19 est une crise multidimensionnelle. Elle a touché à la fois le secteur social à travers, entre autres, le système de santé et d'éducation, et l'activité économique en bouleversant presque tous les grandeurs économiques allant du PIB au taux de chômage. Au Maroc, l'économie nationale a été déjà affaiblie par le ralentissement global de la croissance à l'échelle international avant même d'enregistrer le premier cas confirmé positif le 2 mars. La récession s'est fait ressentir sous l'effet de la sécheresse, et les déficits jumeaux devraient se creuser selon les estimations de la Banque mondiale, suite à la chute des exportations et des recettes touristiques entre autres.

Le confinement est survenu comme mesure préventive pour limiter la propagation de la pandémie, et le Maroc a été classé parmi les rares pays qui ont anticipé les effets négatifs de cette crise. Néanmoins, cette mesure a eu un impact notable sur le comportement du consommateur qui a profité de cette période pour regagner en rationalité optimisatrice en voyant son pouvoir d'achat diminuer.

Dans ce chapitre, nous allons analyser en premier lieu le cycle d'évolution logique de la propagation de la pandémie au Maroc pendant la période du confinement, pour présenter dans un deuxième point l'aspect théorique du raisonnement du consommateur en prenant en considération son revenu courant ou bien son revenu permanent, et donner par la suite quelques réflexions sur le changement comportemental du consommateur marocain face à cette crise sanitaire.

Mots-clés : crise la Covid-19, cycle d'évolution, impact sur la consommation, confinement, anticipation.

L'économie du Maroc s'est vue confrontée aux effets négatifs de la crise pandémique même avant l'enregistrement du premier cas confirmé positif le 2 mars 2020. Elle a subi les conséquences de l'effondrement de l'économie globale à travers la chute de ses exportations de 18,7 % au premier trimestre[1], notamment à cause de la situation économique de l'Europe, son principal partenaire commercial.

Le Maroc a été l'un des rares pays qui ont anticipé les risques liés à la crise sanitaire et qui ont essayé de consolider des mesures préventives afin d'en réduire les dégâts pour ne pas subir le même sort que l'Italie, par exemple. Ces mesures ont permis certes de ralentir la propagation du virus Covid-19 pendant la période du confinement, mais ont eu en contrepartie des effets néfastes sur l'activité économique, sur l'emploi et sur la consommation des ménages qui ont vu leur pouvoir d'achat chuter.

Dans la théorie économique, la consommation des ménages peut réagir aux mesures adoptées par le gouvernement. Elle est conditionnée par le revenu courant chez les keynésiens, alors qu'elle fait l'objet d'anticipations rationnelles selon le revenu permanent chez les néoclassiques.

Au Maroc, les citoyens ont anticipé le confinement bien avant la déclaration de l'état d'urgence par le gouvernement. Leurs anticipations s'étaient révélées par une grande affluence sur les produits alimentaires, d'hygiène et de nettoyage. Et l'inquiétude avait amené le tiers de la population à se confiner même avant la déclaration officielle de l'état d'urgence [2]. Dès lors, pendant la période du confinement, plusieurs consommateurs ont recouru au e-commerce et aux services de livraison à domicile pour acheter ce dont ils ont besoin. Nous parlons ici d'un réel changement comportemental, le consommateur marocain a changé ses habitudes, sa vision économique et ses objectifs[3].

Dans ce chapitre, nous allons donner dans un premier lieu une analyse du cycle d'évolution des cas confirmés atteints de la Covid-19 durant la période de confinement au Maroc, présenter par la suite l'aspect théorique de la réaction du consommateur suite aux décisions publiques, et discuter ensuite du comportement du consommateur marocain face à la crise sanitaire.

---

[1]. https://www.bbc.com/afrique/region-53718104

[2]. Haut-Commissariat au Plan, S. d. (2020). Note stratégique : impact social & économique de la crise du covid-19 au Maroc.

[3]. Houssaini, A., Balambo, M., & Hammouchi , M. (2020). The current economic model challenged with coronavirus: towards a metamorphosis of the consumption model . Moroccan Journal of Research in Management and Marketing, 12(2).

1. Analyse du cycle d'évolution de la Covid-19 pendant la période de confinement

Le premier cas confirmé atteint de la Covid-19 au Maroc a été enregistré le 2 mars[4], donnant suite à un enchaînement d'événements d'ordre anticipatif en premier lieu, et marquant l'histoire du Maroc face à la propagation d'une pandémie difficile à freiner. Il s'agissait d'un Marocain en provenance d'Italie, présentant un état de santé stable et mis à l'isolement pour éviter toute contamination. Une série journalière des cas confirmés atteints par la Covid-19[5] a commencé à être enregistrée, nous permettant de voir que le nombre d'infections augmente tout de même, en suivant une allure croissante depuis le 2 mars, et tout au long de la période de confinement, pour commencer à baisser par la suite à partir de la moitié du mois de mai.

Ce mouvement à la baisse est dû bien évidemment au confinement, aux campagnes de sensibilisation effectuées au profit des citoyens et aux différentes mesures prises par le gouvernement marocain pour limiter la propagation de la pandémie.

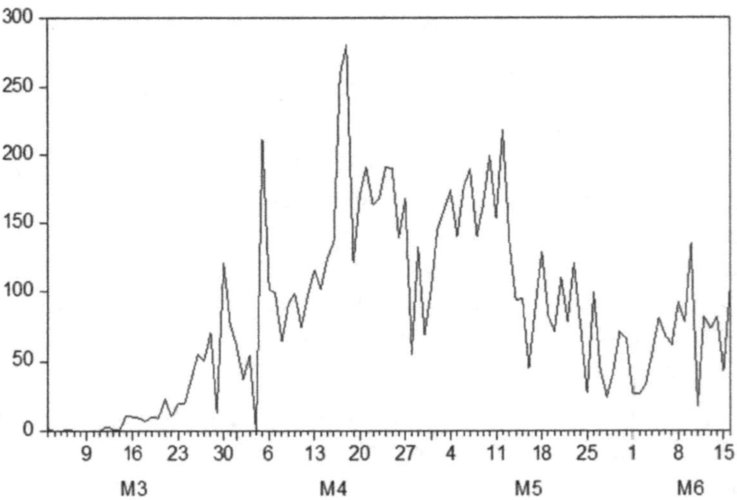

Graphique 1 : **Nombre de cas confirmés par jour**[6]

Le graphique ci-dessus nous présente la série non traitée statistiquement, et à travers laquelle nous retrouvons une évolution en dents de scie, qui remonte vers un pic au bon milieu du mois d'avril avec un nombre de cas confirmés de 281, et une moyenne journalière de 83 cas jusqu'au 16 juin.

[4] https://www.sante.gov.ma/Pages/communiqu%C3%A9s.aspx?communiqueID=355

[5]. https://ourworldindata.org/coronavirus/country/morocco?country=~MAR

[6]. Graphique élaboré par l'auteur sur la base des statistiques prises sur le site : https://ourworldindata.org/

Néanmoins, en lissant la série et en appliquant le filtre des fréquences, nous pouvons relever un cycle d'évolution allant du 6 avril au 12 mai 2020, ce qui montre que les cas d'infection ont progressé en suivant une certaine logique.

Le pic du cycle généré provient notamment de l'apparition des foyers de contamination industriels et familiaux dans les villes telles que Marrakech, Tanger et Fès[7].

Les mesures préventives adoptées par le gouvernement ont fait preuve d'efficacité lors de la période du confinement[8] et le cycle relevé dénonce la vitesse de la propagation du virus et nous conduit à interdire tout comportement permettant l'apparition de nouveaux foyers de contamination.

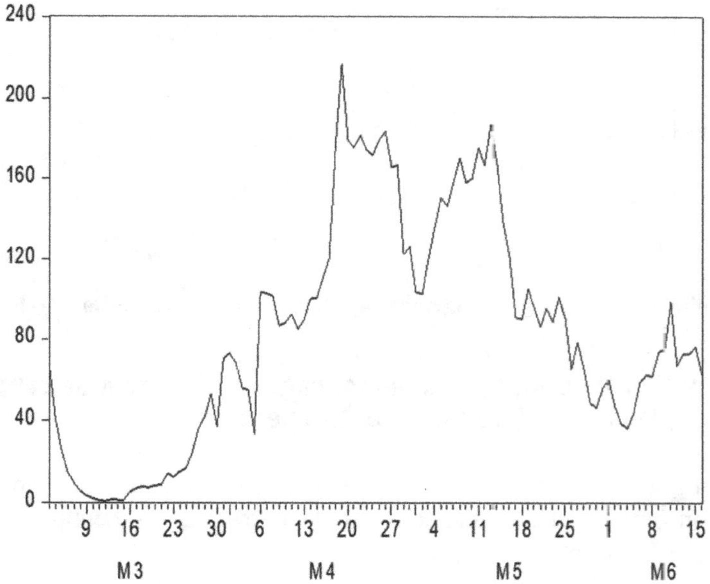

Graphique 2 : **Série lissée du nombre des cas confirmés par jour**[9]

[7]. https://lematin.ma/journal/2020/ministere-sante-attribue-forte-augmentation-nombre-contaminations-covid-19-aux-cas-collectifs-enregistres-foyers-nombreuses-villes/335815.html

[8]. Cherradi, Y. (2020). About the moroccan strategy in the fight against covid-19 before lockdown ease period ;. *jmsr, VII*(1), 737- 740.

[9]. Graphique élaboré par l'auteur sur la base des statistiques prises sur le site : https://ourworldindata.org/

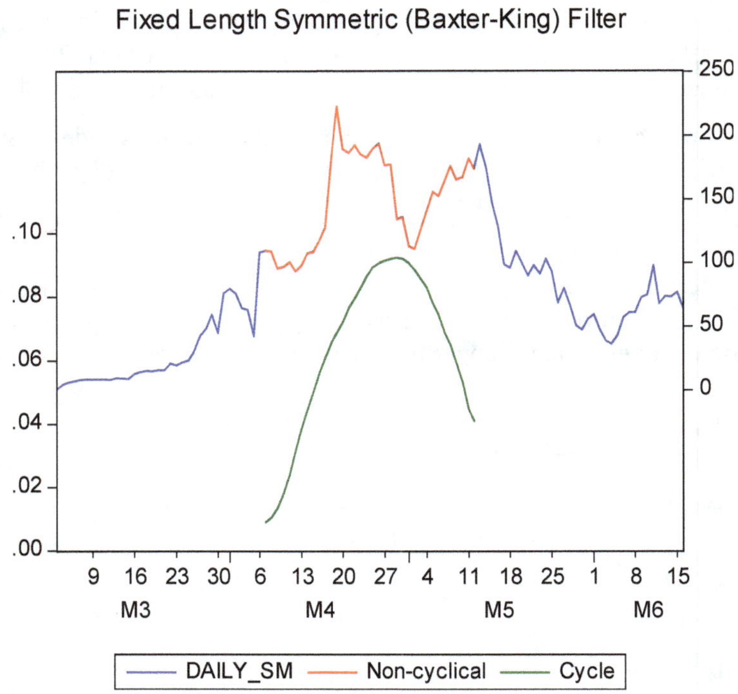

Graphique 3 : **Cycles obtenus après application du filtre de Baxter-King**[10]

2. La réaction théorique du consommateur selon qu'il se rapporte à son revenu courant ou à son revenu permanent

Un bon point de départ pour comprendre les implications de la pandémie sur la consommation des ménages est de relever des schémas explicatifs théoriques susceptibles de se réaliser.

Dans un cadre keynésien, le comportement du consommateur est motivé par l'évolution de son revenu disponible suite aux mesures adoptées par le gouvernement. En effet, une expansion budgétaire peut augmenter temporairement l'offre *via* le canal de la demande globale, alors qu'un resserrement de la politique budgétaire peut avoir des effets temporaires comme la contraction de la production.

Il est à noter que le multiplicateur budgétaire immédiat provenant d'une hausse des dépenses publiques est plus élevé que l'effet de l'augmentation des taxes servant à financer ces dépenses.

[10]. Graphiques élaborés par l'auteur sur la base des statistiques affichées sur le site : https://ourworldindata.org/

En contraste avec le modèle keynésien, le fondement de base des néoclassiques[11] est que les agents forment une certaine prospective et se réfèrent à leurs anticipations rationnelles, en raison de l'effet du revenu permanent[12].

Les individus peuvent prévoir qu'une augmentation des dépenses va correspondre à la valeur actuelle nette de l'augmentation future de la taxe servant à financer ces dépenses. Ils vont donc ajuster leurs choix travail-loisirs, en réduisant la consommation, en augmentant l'offre de travail et en économisant plus. Par ailleurs, les anticipations concernant les futures politiques gouvernementales touchent la marge de risque sur les taux d'intérêt.

Lorsque la dette publique est élevée et lorsqu'elle est due à une politique budgétaire expansionniste, les taux d'intérêt augmenteront en reflétant un risque plus élevé sur la dette et un plus grand risque d'inflation. Dans ces circonstances, un assouplissement temporaire doit produire un multiplicateur positif plus large que celui que va produire une augmentation permanente.

Selon les conditions dans lesquelles se produit l'expansion budgétaire, les anticipations des agents sur les futures politiques peuvent produire un schéma réactionnel non linéaire, correspondant aux anticipations keynésiennes ou non keynésiennes[13]. Lorsque la dette est faible et aucun rendement rapide d'une expansion budgétaire n'est prévu, la réaction macro-économique peut être keynésienne. Toutefois, lorsque le gouvernement assouplit la politique budgétaire, mais s'aperçoit que le développement de l'endettement est insoutenable, et qu'une importante hausse d'impôt sera nécessaire pour corriger ce décalage, la réaction de la demande privée pourrait être non keynésienne, parce que l'expansion budgétaire est associée à une perte dans la richesse nette des agents privés.

Alternativement, les agents peuvent avoir la perception que les dépenses publiques sont en constante évolution dans un sens exigeant des niveaux encore plus élevés de la fiscalité. Dans ces circonstances, une contraction budgétaire correspondant à une coupure des dépenses du gouvernement pourrait les convaincre qu'un certain état critique ne sera pas atteint, et inciter ainsi la consommation privée. Bien que, dans ce sens, des explications sont souvent trouvées dans la littérature, il convient également de noter que les

---

[11]. Les néoclassiques ont également mobilisé la théorie du cycle de vie pour expliquer le comportement de la consommation.

[12]. Vintray, A. (2012, Juillet 31). Milton friedman et la critique du keynésianisme. *Contrepoints.org*.

[13]. Tiryaki, G., & Tiryaki, A. (s.d.). Post-keynesian theory and its critique to neoclassical economics. sü iibf sosyal ve ekonomik araştırmalar dergisi.

non-linéarités peuvent également émerger de l'accès des individus aux marchés financiers.

Si le gouvernement consolide en abaissant les dépenses gouvernementales, ceci devrait diminuer la charge fiscale future anticipée. La richesse et la consommation des individus qui ne sont pas contraints au crédit augmentent, tandis que le revenu disponible des agents qui sont contraints au crédit se détériore. Lorsque le dernier effet domine, l'effet global sur la consommation privée pourrait être « keynésien » et le multiplicateur du gouvernement sur la consommation privée est positif. À l'inverse, la réaction globale sera typiquement « non keynésienne » lorsque le premier effet domine. L'aspect essentiel ici est la crédibilité du gouvernement de contrôler les finances publiques. Si le gouvernement n'a pas fait preuve de cette crédibilité, le risque peut devenir considérable et conduire même à un multiplicateur négatif.

3. Le comportement du consommateur face à la crise sanitaire au Maroc

Au Maroc, le déroulement des évènements laisse toujours à voir que le consommateur marocain essaye d'anticiper au mieux les décisions du gouvernement et d'étudier leur impact sur son pouvoir d'achat et sur sa liberté de déplacement.

Depuis le 2 mars, le consommateur craignait une déclaration de l'état d'urgence et le confinement à l'instar de plusieurs pays contaminés par le virus, et qu'il observait depuis des mois. Cette inquiétude s'est concrétisée par une grande affluence sur les produits alimentaires, d'hygiène et de nettoyage, causant dans plusieurs cas des ruptures de stock injustifiées puisque les discours du gouvernement garantissaient des stocks suffisants pour au moins 6 mois encore. Le 11 mars, le gouvernement a mis en place un Conseil de Veille économique (CVE), qui a eu pour mission d'analyser l'évolution de l'activité économique et de proposer des mesures d'accompagnement des secteurs impactés. Le 14 mars, le ministère de l'Intérieur a publié un communiqué officiel annonçant l'interdiction de tous les rassemblements publics auxquels prennent part plus de 50 personnes[14]. Deux jours après, il communiquait l'obligation de fermeture des cafés, restaurants, salles de cinéma et théâtre, salles de fête, clubs et salles de sport, hammams, salles de jeu et terrains de proximité jusqu'à nouvel ordre[15].

---

[14]. https://www.medias24.com/coronavirus-le-maroc-interdit-tous-les-rassemblements-de-plus-de-50-personnes-8325.html

[15]. https://www.medias24.com/coronavirus-fermeture-des-cafes-restaurants-hammams-a-partir-de-18h-8388.html

Le consommateur marocain, brusqué par les décisions enchaînées par le ministère de l'Intérieur, anticipait une augmentation des prix et une rupture des stocks des produits alimentaires, en se basant sur ce que déclaraient les médias, notamment en France, à cause du changement brutal des habitudes de consommation des ménages français après la propagation de la pandémie dans le pays.

Le 16 mars, un fonds spécial pour la gestion de la pandémie de la Covid-19 a été créé, en application des Hautes Instructions de Sa Majesté le Roi Mohammed VI, permettant aux personnes morales et physiques d'exprimer leur solidarité à travers leurs dons, et doté de plus de 10 milliards de dh, dans le but d'assurer le financement des mesures adoptées par le CVE, et de soutenir le système de santé et l'économie nationale qui allaient sentir le poids de la crise sanitaire. Le 18 mai, en vue de rassurer le consommateur marocain, une réunion a été tenue par la commission interministérielle chargée de l'approvisionnement, des prix et du contrôle des prix et de la qualité, donnant suite à la publication d'un communiqué par le ministère de l'Économie et des Finances, garantissant la poursuite normale de l'approvisionnement des marchés dans l'ensemble des préfectures et des régions du Royaume en produits de première nécessité de manière très satisfaisante.

Le 20 mars, l'état d'urgence sanitaire a été déclaré, mettant ainsi en arrêt plusieurs activités économiques, et menaçant plus de 700 000 emplois[16], dont 500 000 pour le secteur touristique[17].

Une enquête sur l'impact du Coronavirus sur la situation économique, sociale et psychologique des ménages, publiée par le HCP, révèle un état de panique qui a suivi l'annonce du confinement obligatoire, puisque presque la moitié de la population étudiée ressentait un sentiment d'anxiété et de peur. Presque le tiers des ménages marocains se sont confinés avant même l'entrée en vigueur de l'état d'urgence sanitaire, 54 % ont commencé le confinement depuis l'adoption de l'état d'urgence sanitaire, et 11 % depuis la promulgation du décret-loi relatif à la déclaration de l'état d'urgence. Au cours de cette période de confinement, les produits alimentaires de base sont disponibles sur le marché et en quantités suffisantes, ont déclaré 93 % des ménages, selon la même enquête publiée par le HCP.

Dès lors, certaines habitudes de consommation ont changé suite aux conditions imposées par le confinement obligatoire et la nécessité de disposer d'une autorisation de sortie pour accéder aux produits alimentaires et de première nécessité. Plusieurs consommateurs ont recouru au e-

---

[16]. Chtatou, M. (2020, Avril 23). Coronavirus in Morocco : Economic and social Implications. *The Washington Institute.*

[17]. OECD. (2020). *Impact of Covid-19 in Morocco.*

commerce et aux services de livraison à domicile pour acheter ce dont ils avaient besoin[18]. Suite à cela, certains hyper- et supermarchés tels que Marjane et LabelVie ont créé des applications et des plateformes de distribution, et ont signé également des conventions avec la plateforme Glovo et Jumia Food pour permettre aux consommateurs de commander les produits dont ils avaient besoin depuis leurs smartphones[19]. Néanmoins, l'économie marocaine a été confrontée à une baisse de la demande intérieure au deuxième trimestre. La consommation des ménages, en volume, se serait repliée de 6,7 %[20], surtout en matière de biens manufacturés, notamment ceux de l'habillement et de l'équipement ainsi que ceux du transport, de la restauration et des loisirs.

Notons que la demande intérieure demeure le principal moteur de croissance au Maroc, et que la consommation privée des ménages a contribué le plus à la croissance en 2019, motivée par de bons salaires et par la faiblesse du taux d'inflation[21].

Le modèle de consommation a bien changé pour bannir tout ce qui est superflu. Le consommateur marocain a eu la chance de redécouvrir la valeur de la simplicité, presque tout ménage a pu faire des progrès sur le plan culinaire par exemple, en préparant des repas sains et faciles[22], tout en faisant des économies face à la diminution de son pouvoir d'achat.

Dans un article intitulé : « The current economic model challenged with coronavirus : towards a metamorphosis of the consumption model », les auteurs ont montré que le triptyque « Production, Consommation, Croissance » engendrait avant le confinement un autre triptyque parfaitement corrélé à ce dernier, celui du « Gaspillage, Épuisement et Pollution ».

Selon ce même article, la société marocaine est partie de la consommation de la culture à une culture de consommation avant la crise sanitaire, et c'est grâce à cette crise que le consommateur a pu revenir à l'origine de ces habitudes, à se focaliser sur ce qui est nécessaire et utile, et à laisser tomber tout produit créant un besoin futile sous l'effet de routine. Certains consommateurs ont même franchi le cap du minimalisme, le mouvement qui leur accorde la joie de vivre la simplicité, dans un milieu contenant le plus nécessaire des produits, en évitant la condensation des biens superflus, qui

---

[18]. Brun, T. (2020, mai 28). Le e-commerce, solution d'aujourd'hui et de demain. *Conjoncture.info.*

[19]. Nachit, H., & Belhcen, L. (2020, July 7). Digital Transformation in Times of Covid-19 Pandemic: The Case of Morocco. *SSRN.*

[20]. Haut-Commissariat au Plan; Système des Nations unies au Maroc; Banque mondiale. (2020). Note stratégique: impact social & économique de la crise du covid-19 au Maroc.

[21]. World Bank Group. (2020). *Morocco economic monitor.*

[22]. https://www.mapnews.ma/fr/actualites/social/confinement-changement-radical-des-habitudes-alimentaires

encombrent l'espace de vie, exigent un effort supplémentaire de tri et de rangement, et qui dégagent en plus une énergie négative selon les spécialistes du domaine. Une nouvelle culture de consommation s'est instaurée, motivée par l'anticipation de la diminution du revenu permanent induite par l'impact négatif de la crise sur l'activité économique et sur l'emploi, et vu la politique d'austérité prévue, et qui s'exprime déjà par la régression du nombre de postes budgétaires.

Conclusion

La société marocaine a subi une expérience jamais vécue auparavant. Un confinement qui a brusqué ses habitudes et qui a changé son comportement de consommation, en remettant en cause la surconsommation surtout après la chute du pouvoir d'achat.

Le consommateur marocain a regagné sa rationalité en anticipant l'impact de la récession sur son revenu permanent et a redécouvert la vraie valeur de la simplicité. Nous ne pouvons nier que la société marocaine a fait preuve d'un pouvoir d'adaptation exceptionnel. S'il ne s'agit pas d'apprendre une nouvelle langue ou une nouvelle technique de communication, la société marocaine est devenue en quelque sorte plus « débrouillarde » face à des situations considérées comme difficiles.

Presque tout ménage a pu faire des progrès sur le plan culinaire par exemple, en préparant des repas sains et faciles, tout en faisant des économies face à la diminution de son pouvoir d'achat. Il est difficile de reprendre le rythme de consommation du préconfinement comme il est plus difficile de revenir à l'ancien style de vie puisqu'il n'est plus question de gaspiller et d'acheter des biens produits juste pour créer un besoin inexistant auparavant. Suscitant tout de même l'intérêt de consommer des biens de première nécessité tels que les produits alimentaires, qui encouragera la production locale et servira probablement à la réduction des importations par la suite.

Bibliographie

BRUN T. (2020, Mai 28). Le e-commerce, solution d'aujourd'hui et de demain. *Conjoncture.info.*

CHERRADI Y. (2020). About the Moroccan strategy in the fight against covid-19 before lockdown ease period ;. *jmsr, VII*(1), 737- 740.

CHTATOU M. (2020, Avril 23). Coronavirus in Morocco : Economic and social Implications. *The Washington Institute.*

HAUT-COMMISSARIAT AU PLAN, S. d. (2020). *Note stratégique : impact social & économique de la crise du covid-19 au Maroc.*

HAUT-COMMISSARIAT AU PLAN; SYSTÈME DES NATIONS UNIES AU MAROC, BANQUE MONDIALE. (2020). *Note stratégique : impact social & économique de la crise du Covid-19 au Maroc.*

HOUSSAINI A., BALAMBO M. a., & HAMMOUCHI, M. s. (2020). "The current economic model challenged with coronavirus: towards a metamorphosis of the consumption model". *Moroccan Journal of Research in Management and Marketing, 12*(2).

NACHIT H., & BELHCEN L. (2020, July 7). Digital Transformation in Times of Covid-19 Pandemic: The Case of Morocco. *SSRN.*

OECD. (2020). *Impact of Covid-19 in Morocco.*

OIT. (2020). *Le Covid-19 et le monde du travail. Deuxième édition.* Observatoire de l'OIT.

SATCHER D. (1999). Emerging infections: getting ahead of the curve. *Emerging infectious diseases, 1*(1). Récupéré sur https://www.ncbi.nlm.nih.gov/pmc/articles/PMC2626824/pdf/8903147.pdf

TIRYAKI G. F., & TIRYAKI A. (s.d.). Post-keynesian theory and its critique to neoclassical economics. *sü iibf sosyal ve ekonomik araştırmalar dergisi.*

VINTRAY A. (2012, Juillet 31). Milton Friedman et la critique du keynésianisme. *Contrepoints.org.*

WORLD BANK GROUP (2020). *Morocco economic monitor .*

5

Impact de la Covid-19 sur la Bourse des valeurs de Casablanca

M. Abbes FOUSI
École nationale de commerce et de gestion d'El-Jadida,
Université Chouaib Doukkali.
El-Jadida, Maroc
abbesfousi@gmail.com

Pr. Abdelbari EL KHAMLICHI
École nationale de commerce et de gestion d'El-Jadida,
Université Chouaib Doukkali.
El-Jadida, Maroc
abdelbari.el.khamlichi@gmail.com

Résumé

Depuis le début de l'année 2020, le monde a été touché par la pandémie Covid-19 qui a impacté toutes les branches de l'économie mondiale. Les mesures de confinement prises par les autorités publiques à travers le monde, dans le cadre de la lutte contre la propagation de la pandémie Covid-19, ont conduit les grandes puissances économiques vers une des pires récessions du XXIe siècle. À l'instar de ses partenaires historiques, le Maroc devrait connaître une des pires récessions de son histoire, ce qui se répercutera négativement sur les marchés financiers en général et sur la place boursière casablancaise en particulier.

Les répercussions de la pandémie se sont propagées aux entreprises opérant dans les secteurs impactés en premier lieu par le virus et ont même affecté des secteurs réputés résilients (Télécom, bancaire, etc.). Ce chapitre analyse l'impact de la crise de la Covid-19 sur la Bourse de Casablanca, à travers l'analyse des principaux indicateurs macroéconomiques, l'étude de l'évolution, l'indice MASI et en effectuant une comparaison avec d'autres places boursières internationales. Compte tenu du caractère récent de cette crise, les rares études académiques, qui se sont focalisées sur ce sujet, ont porté sur le marché financier américain, asiatique ou européen.

Mots-clés : Covid-19, Bourse de Casablanca, impact, marchés financiers, crise financière.

Le début de l'année 2020 a été marqué par une crise sanitaire qui a affecté les marchés mondiaux par son ampleur et ses conséquences. Les mesures de confinement prises par les autorités publiques à travers le monde, dans le cadre de la lutte contre la propagation de la pandémie de la Covid-19, ont conduit les grandes puissances économiques vers une des pires récessions du XXIe siècle.

La Chine, puissance économique, a connu une forte contraction de 6,8 %[1] de son activité au premier trimestre 2020, reflétant principalement la baisse de production du secteur industriel, avec une forte diminution de celle automobile, et de l'activité du secteur tertiaire. De leur côté, les États-Unis, pays le plus touché par la pandémie, ont enregistré une nette décélération de la croissance à 0,3 % [1] au premier trimestre, après 2,3 % [1] un trimestre auparavant. Cette évolution traduit principalement la nette baisse de la consommation privée (l'indice PMI composite d'IHS Markit pour les États-Unis a chuté de 49,6[1] en février à 40,5[1], niveau le plus bas jamais atteint par la série d'enquêtes).

L'Union européenne, tributaire des deux partenaires américains et chinois, a subi les répercussions de la Covid-19 avec une baisse significative du PIB de 3,3 % [1] au premier trimestre 2020 (après une hausse de 1 % [1] au quatrième trimestre 2019). Preuve de l'agonie que vit l'UE, l'indice ZEW, qui mesure le sentiment des analystes financiers en Allemagne, avait dévissé en mars pour atteindre un niveau de -49,5 % [1] au mois de mars, comparé à +8,7[1] points en février, alors que le consensus de marché s'attendait à une baisse d'environ -25 % [1].

L'économie marocaine qui devrait connaître une année agricole difficile (la valeur ajoutée agricole devrait baisser de 4,6 % [2] tenant compte d'une campagne agricole de 30 MQx[2]), ne sera pas épargnée par les répercussions de la Covid-19.

Le FMI table sur une contraction du PIB de l'ordre de 3.7 %[3] pour 2020 tandis que Bank Al-Maghrib a revu sa prévision de croissance du PIB de 2,3 % à -5,2 %[4], soit le plus bas depuis 1996. Cette baisse du PIB marocain s'explique par la baisse de la demande étrangère, qui a fléchi de 3,5 % au

---

[1]. *Revue Mensuelle de la Conjoncture Economique, Monétaire et Financière*, BKAM, mai 2020

[2]https://www.wafabourse.com/marches/actualitesdetail/12069509;jsessionid=883919997EB22A25CFF85D69A4AB5430.tpwts042s, (consulté le 20-07-2020).

[3]. https://www.leboursier.ma/Actus/7276/2020/04/15/FMI-Le-PIB-du-Maroc-devrait-reculer-de-37-en-2020.html#:~:text=Le%20Fonds%20mon%C3%A9taire%20international%20(FMI,%2C8%25%20une%20ann%C3%A9e%20apr%C3%A8s. (consulté le 20-07-2020).

[4]. https://lnt.mabam-une-prevision-optimiste-de-52-de-croissance-en-2020/ (consulté le 20-07-2020).

premier trimestre 2020 et des exportations qui, en valeur, chutent de 22,8 %, selon la Note de Conjoncture du HCP d'avril 2020.

Les secteurs qui seront le plus touchés sont le tourisme, le transport et le secteur industriel. Ce dernier souffrira notamment de la baisse de la demande à l'international Cette conjoncture nuira à l'emploi et creusera le taux de chômage qui a frôlé les 9.2 % en 2019. Ce taux devrait passer à 12,5 % en 2020 selon le FMI. Le FMI prévoit aussi une hausse du déficit commercial, qui passera en 2020 à -7,1 %[5] contre -4,1 % [2] en 2019. C'est également le cas de la balance du PIB qui chutera à 7,8 % [2] en 2020, contre 4,1 % [2] une année auparavant. L'un des seuls indicateurs qui demeurera stable au Maroc est le taux d'inflation, que le FMI prévoit à 0,3 % [2] en 2020. À l'instar de l'ensemble des places boursières, le MASI s'est inscrit dans une tendance baissière ramenant l'indice de la cote casablancaise à ses niveaux de l'exercice 2016 (soit une perte de la performance cumulée de 4 ans, en 2 mois). Cette baisse avait plusieurs raisons : la publication des réalisations décevantes de l'exercice 2019 ; année agricole en dessous des attentes ; propagation de la pandémie et mise en place de mesures de confinement strictes ; les ventes massives opérées par les OPCVM sur le marché boursier marocain (près de 53 % [6] des ventes opérées au mois de mars selon l'AMMC).

D'un point de vue académique, de nombreux travaux ont essayé d'analyser l'impact des crises précédentes sur les places boursières internationales. L'étude d'évènement (Thiétart et *al.*, 2014) reste l'une des méthodes les plus appropriées pour voir l'effet de la crise. De nombreux travaux existent, par exemple : Becchetti et Ciciretti (2011), Aizenman et *al.* (2016).

Mais force est de constater que les recherches sur la place casablancaise ne sont pas aussi nombreuses. En effet, Belcaid et El Ghini (2019) ont étudié la volatilité à long terme du marché marocain avant et après la crise financière des *subprimes*. Quant à l'étude d'El Khattab et Moudine (2014), elle a porté sur l'efficience informationnelle pour justifier la tendance baissière de la place casablancaise et la perte de confiance des investisseurs en période de cette crise des subprimes. Compte tenu du caractère récent de la crise de la Covid-19, quelques articles ont essayé d'analyser la réaction des marchés financiers internationaux à la crise actuelle[7]. Notre article est l'une des investigations de l'impact constaté pour le marché marocain.

La suite de cette contribution est structurée comme suit : dans une première section, nous allons définir les aspects les plus importants du mot « crise », et la deuxième section sera consacrée à l'évolution de certains marchés qui

---

[5]. World Economic Outlook, April 2020: The Great Lockdown

[6]. www.ammc.ma, (consulté le 15-07-2020).

[7]. Voir, par exemple, Ashraf (2020).

ont poussé la BVC à la baisse. La troisième et la quatrième sections seront respectivement dédiées à l'évolution du MASI, au rendement et à la volumétrie de la place casablancaise constatée durant la crise sanitaire, ainsi qu'aux principales mesures entreprises par l'État pour redynamiser l'économie marocaine. La dernière section sera réservée à une étude comparative de l'impact de la Covid-19 sur la Bourse de Tunis et celle de Casablanca.

1. Revue de littérature sur l'impact des crises sur la BVC

1.1. Vers une définition du concept de « crise »

Venant du grec ancien « krisis », signifiant « séparer, juger », le mot crise désigne l'instant du jugement, fracture entre deux temps antagonistes, laissant place à un état nouveau (Heiderich, 2010). Mais comment gérer une crise si nous n'en connaissons pas le sens ? Il nous est donc nécessaire de commencer par là.

La consultation d'un dictionnaire de gestion (Burlaud et *al*, 2006) ne permet pas de trouver la définition de la notion de crise. Nous pourrions penser que d'autres dictionnaires nous informent sur le sujet, mais une première exploration du Larousse, du Robert, du Trésor et du Littré, ne fait que rendre plus opaque cette notion, étant donné qu'elle concerne plusieurs disciplines. Quelques définitions issues de ces dictionnaires nous permettent d'en apprendre un peu plus sur le sujet en fonction du domaine étudié : phénomènes pathologiques (médical), nœud de l'action dramatique (dramaturgie), paroxystiques (médical), situation de trouble due à une rupture d'équilibre (sociologie), transformations plus ou moins violentes (politique), dépression (économie), moment très difficile dans la vie de quelqu'un (psychologie), rupture d'équilibre entre la production et la consommation (économie), manifestation violente d'un état morbide (médical), grave pénurie (économie), moment périlleux et décisif (général). Ajoutons quelques synonymes du mot crise afin d'en élargir les frontières : alarme, angoisse, attaque, atteinte, catastrophe, chute, convulsion, danger, difficulté, débâcle, dépression, détresse, faillite, flambée, malaise, marasme, paroxysme, perturbation, pénurie, péril, quinte, rupture, récession, soubresaut, tension, transe, trouble, ébranlement, instabilité, dysfonctionnement, etc. Autant de mots que l'on va retrouver dans toute situation de crise.

Si toutefois nous devions arrêter une définition, retenons celle du Littré : « moment périlleux et décisif ». Cette définition a pour avantage de séparer la crise de son origine pour nous concentrer sur ses conséquences. Et en finance de marché, il convient de privilégier la définition donnée par l'*Encyclopaedia Universalis*, selon laquelle : « Une crise financière est assimilée à un dysfonctionnement du marché entraînant une déviation par rapport au modèle de référence de l'efficience »[8].

Concrètement, la crise financière pourrait avoir plusieurs manifestations, notamment une crise de change, bancaire, boursière, ou de la dette publique. Ce type de crise est relativement fréquent. Elle n'a de conséquences sur l'économie que si elle s'inscrit dans la durée. Elle est en principe momentanée, inattendue et maîtrisable par les seuls moyens financiers. Dans le cas contraire, faute de mieux, on parle de crise financière atypique (Brandt, 2016).

La crise économique, à distinguer de la crise financière, se définit techniquement par le fait que les conditions cadres de la société, les structures et les procédures de gestion de ses ressources sont mises en péril au point de risquer une détérioration durable. En règle générale, les crises économiques font partie intégrante des cycles économiques en ce sens qu'elles ont pu être maîtrisées par des actions conventionnelles. Font exception les crises suivantes, qui ont nécessité des remèdes non conventionnels ou inédits : le krach de 1929, le choc pétrolier de 1971, le sauvetage des caisses d'épargne américaines en 1989, le krach de l'immobilier et de la Bourse de Tokyo en 1991, le krach des Bourses asiatiques en 1997, la banqueroute russe de 1998, le krach boursier et la banqueroute de fonds spéculatifs à risque systémique fin 1998, le techno-krach en 2000 de la nouvelle économie fondée sur Internet, et la crise des *subprimes* en 2007, et certainement la crise de la Covid-19, que le monde traverse actuellement[9].

1.2. Analyse des articles sur l'impact de la crise de 2007 sur la BVC

L'essai sur l'efficience du marché boursier marocain, réalisé par El Khattab et Moudine (2014), met en lumière l'impact de la crise de 2007 sur la place casablancaise. L'impact de cette crise s'est ressenti à partir du second trimestre de 2008, où le marché est entré dans une forte correction après 4 ans de prospérité. L'article met aussi l'accent sur la perte de confiance des faiseurs de marchés, à la suite de l'éclatement de plusieurs scandales qui ont coïncidé avec le début de la crise financière et créant un climat de suspicion non favorable à l'investissement en Bourse : soupçons de ventes à découvert, scandale de fuite d'informations du système de cotation et irrégularités commises par quatre sociétés de Bourse lors de l'introduction de la CGI. La tendance baissière du MASI peut s'expliquer par la perte de confiance des opérateurs appuyée par une conjoncture économique morose.

---

8. https://www.universalis.fr/encyclopedie/crises-financieres-instabilite-financiere/1-les-principales-explications-de-l-instabilite-financiere/, (consulté le 26-08-2020).

9. Pour plus de détails sur les périodes des crises, le lecteur pourra se référer au site du bureau national de la recherche économique (https://www.nber.org/cycles.html)

Cette tendance observée durant la crise des Subprimes traduit aussi une méfiance des investisseurs vis-à-vis d'un marché surévalué. Le contexte économique national difficile, marqué par l'aggravation des déficits jumeaux, a démotivé les grands investisseurs, ce qui a tiré la place boursière vers le bas. Ainsi, l'indice MASI a perdu 37 % de sa valeur entre mi-mars 2008 et fin décembre 2012. Influencé par cette tendance, le PER de la place casablancaise a baissé progressivement durant les cinq dernières années pour s'établir à 15,125 en 2012 et ce, après avoir affiché des niveaux records en 2006 et 2007.

Par ailleurs, Belcaid et El Ghini (2019) démontrent que la crise financière de 2007 a eu un effet de changement asymétrique et structurel sur le marché boursier marocain. Cela a été expliqué sur plusieurs points. Au cours de la période précédant la crise, les gestionnaires de portefeuilles et les investisseurs ont préféré s'appuyer davantage sur leurs propres informations et résultats boursiers, notamment la volatilité réalisée et le rendement quotidien dans la prévision de la volatilité à long terme. Au cours de la période qui a suivi la crise financière de 2007, la bourse marocaine a commencé à expérimenter de nouveaux outils pour la prise de décision. Il ne se limitait plus à des facteurs contextuels internes : il est devenu plus sensible à la politique internationale.

L'impact de la récente crise financière, liée à la Covid-19 sur la Bourse marocaine n'est pas encore développé dans les recherches antérieures. Notre recherche vise à compléter la littérature existante.

2. L'effet domino a poussé l'indice MASI vers les territoires négatifs

Durant le 1er semestre 2020, une succession de mauvaises nouvelles, conjuguée à une récession mondiale, a négativement impacté les principaux marchés financiers mondiaux poussant l'indice phare de Casablanca à suivre la même tendance.

2.1. Pétrole

Suite aux mesures de confinement strictes imposées par la majorité des pays, la demande en pétrole et de ses dérivés a baissé (Pour l'année 2020, la baisse de la demande est désormais estimée à -8,6 millions de barils par jour[10]. Il s'agit de la chute de consommation la plus importante de l'histoire de l'industrie (résultant de l'arrêt de la majorité des entreprises et de la mobilité restreinte des citoyens), le cours du baril a connu une baisse historique le lundi 20 avril. Le brut américain est passé pour la première fois de l'histoire en territoire négatif. Le cours du WTI « contrat de mai » a chuté

---

[10]. Oil Market Report, International Energy Agency, May 2020.

de 306 %[11] à - 37,63 dollars[1], c'est-à-dire que les vendeurs proposent de payer les acheteurs pour ce contrat (cette situation est due à la saturation des capacités de stockage dont les coûts ont explosé et à des spéculateurs qui tentaient désespérément de ventre le pétrole-papier qu'ils détenaient, et ce le dernier jour de cotation des contrats futurs sur le WTI). Tandis que le Brent à même échéance a fini en baisse de 5,22 %[12] à 29,93 dollars[2]. Cette situation démontre le déséquilibre existant entre l'offre et la demande, une hausse des stocks et une saturation des plateformes de stockage.

La quasi-saturation des capacités de stockage, a permis la constitution d'une courbe future en « Super Contago », c'est-à-dire que le prix d'un contrat futur sur pétrole à échéance éloignée est largement supérieur à son cours spot. Cette nouvelle configuration a poussé les investisseurs à acheter le brut à court terme et à le stocker en vue de le revendre plus cher après.

Afin d'éviter un nouveau choc pétrolier, L'OPEP + est parvenue à un accord le 12 avril pour réduire la production globale de pétrole brut de 9,7 millions de barils par jour, du 1er mai au 30 juin de cette année (cette mesure a été prolongée d'un mois lors de la dernière réunion de l'OPEP). Les coupes totales diminueraient ensuite à environ 8 millions de barils par jour, du 1er juillet au 31 décembre, suivies par des coupes plus petites de 6 millions de barils du 1er janvier 2021 au 30 avril 2022.

Nom	YTD	1 an	3 ans
Pétrole Brent	-38,65%	-34,84%	-14,52%
Pétrole brut WTI	-38,09%	-29,87%	-15,51%
Fioul	-42,34%	-36,02%	-18,04%
Essence RBOB	-29,63%	-30,59%	-17,78%
Gasoil Londres	-43,50%	-38,33%	-18,00%
Distillate US Fundamental S	-0,23%	13,44%	-

Tableau 1 : **Cotation des principales références du pétrole et dérivés**[13]

2.2. Actions

Une croissance économique mondiale au plus bas et l'arrêt presque général des entreprises ont eu raison des plus grandes places financières :

[11]. -07-https://www.usinenouvelle.com/article/pour-la-premiere-fois-de-son-histoire-le-cours-du-petrole-americain-passe-en-negatif.N955331, (consulté le 14-07-2020).

[12]. https://prixdubaril.com/news-petrole/68656-le-koweit-annonce-un-accord-sur-une-bais.html, (consulté le 14-07-2020).

[13]. Source : www.investing.com

Nom	Journalier	1 sem.	1 mois	YTD	1 an	3 ans
Futures S&P 500	0,52%	-1,62%	6,33%	-2,99%	7,28%	28,73%
Dow Jones 30 Futures	0,55%	-2,31%	7,47%	-7,61%	-0,59%	23,30%
CAC 40	0,86%	-1,15%	11,05%	-16,44%	-9,34%	-5,09%
DAX	0,48%	-1,24%	11,89%	-6,60%	0,34%	-2,97%
London Stock Exchange	0,96%	1,34%	-1,40%	5,47%	49,65%	120,26%
Nikkei 225	-0,56%	-2,89%	11,53%	-5,08%	7,07%	12,48%

Tableau 2 : **Cotation des principales places financières au 17-06-2020**[14]

2.3. Métaux

La Chine, premier consommateur de métaux (40 % de la consommation mondiale)[15], a connu une décélération de sa croissance économique à l'instar des autres puissances mondiales, ce qui a impacté négativement la demande pour cette classe d'actifs et fait baisser le cours des principaux métaux de base. Par contre, l'or, considéré comme valeur refuge, a profité de l'aversion au risque des investisseurs pour se bonifier et toucher les 1 788,80 $ (le plus haut depuis 8 ans), soit une variation positive de 25 % sur 1 an.

Nom	Journalier	1 sem.	1 mois	YTD	1 an	3 ans
Or	-0,84%	0,07%	-0,72%	12,17%	25,18%	30,78%
Aluminium	-0,25%	-0,59%	8,15%	-10,65%	-9,25%	-13,81%
Cuivre	0,45%	-3,03%	7,15%	-8,47%	-4,91%	-2,20%
Zinc	0,84%	-0,57%	-0,02%	-11,28%	-19,69%	-20,08%
Plomb	0,37%	2,01%	6,93%	-7,40%	-7,16%	-15,81%

Tableau 3 : **Cotation des principaux métaux au 17-06-2020**[16]

3. Évolution du MASI durant le premier semestre 2020

Depuis le début de l'année, le MASI a reculé de 19 % (au 29-05-2020). Cette dépréciation reflète principalement celle du secteur des « Ingénieries et Biens d'Équipement industriel » de 40.19 %, des « banques » de 28.04 %, des « bâtiments et matériaux de construction » de 21.79 %, de « l'immobilier » de 48.92 % et « Loisirs & Hôtels » de 48.92 %[17].

---

14. Source : www.investing.com
15. https://www.ouest-france.fr/economie/comment-le-coronavirus-se-propage-aux-multinationales-6742611, (consulté le 18-07-2020).
16. Source : www.investing.com
17. http://www.casablanca-bourse.com/bourseweb/Cours-Valeurs.aspx?Cat=24&IdLink=300, (consulté le 12-06-2020).

À l'inverse, les indices des secteurs Matériels, Logiciels & Services Informatiques, Pharmaceutiques et la Distribution ont marqué des hausses respectives de 6.73 %, de 3.32 % et de 3.12 % [1]. De ce fait, les répercussions de la pandémie se sont propagées aux entreprises opérant dans les secteurs impactés en premier lieu par le virus et ont conduit à la baisse des secteurs réputés résilients et considérés comme solides en zone rouge (Télécom, bancaire, etc.).

Indice	Précédent	Actuel	Var mois	Var année
MADEX Rentabilité Brut	19.721,58	20.714,25	5,03%	-19,21%
MADEX Rentabilité Net	17.719,07	18.607,64	5,01%	-19,23%
MASI Rentabilité Brut	25.677,05	26.940,44	4,92%	-18,89%
MaSI Rentabilité Net	22.947,14	24.072,38	4,90%	-18,91%

Tableau 4 : **Indices de rentabilité de la BVC au 29-05-2020**[18]

Cette situation exceptionnelle, où tous les secteurs sont lourdement impactés, pourrait éventuellement représenter un point d'entrée intéressant pour se positionner sur plusieurs valeurs cotées réputées solides et générant un bon dividende, en cas de dissipation des craintes liées à la prolongation de la durée du confinement et d'un retour progressif de l'activité économique marocaine à son rythme normal.

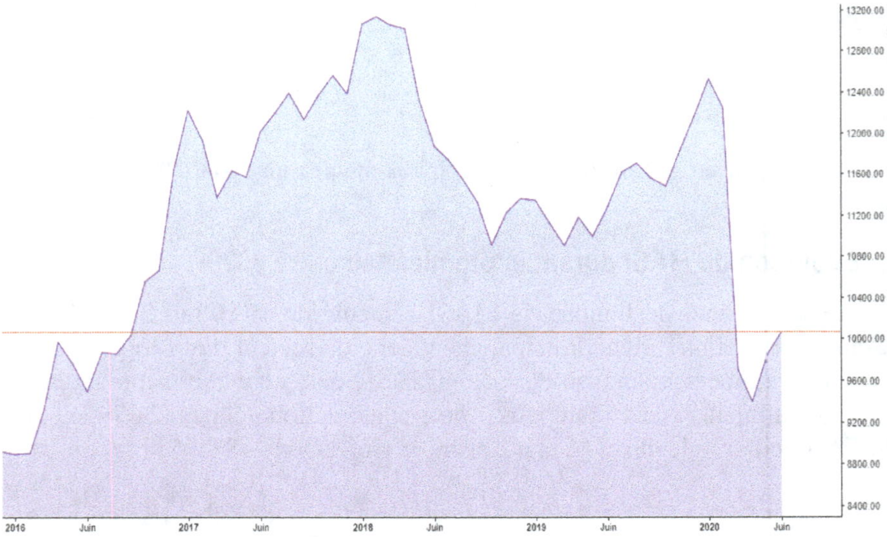

Figure 1 : **Évolution du MASI de 2016 au premier semestre 2020**[19]

---

[18]. Source : Rapport mensuel de la BVC, mai 2020 (http://www.investing.com/).

[19]. *Ibid.*

S'agissant des indicateurs de valorisation, le PER s'est établi à 17,30 en avril après 18,10 à fin mars et le Price to Book est revenu de 2,10 à 2,04. Dans ces conditions, la capitalisation boursière a diminué de 2,9 % pour s'établir à 488,3 milliards de dirhams[20].

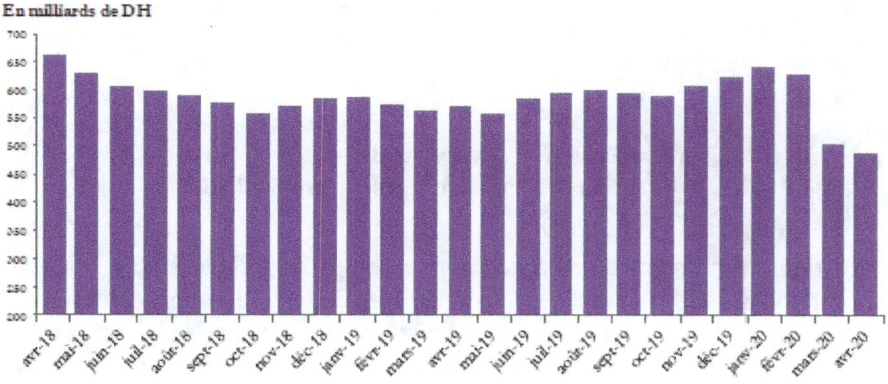

Figure 2 : **Évolution mensuelle de la capitalisation boursière**[21]

4. Rendement et nouveau profil des investisseurs de la place casablancaise

4.1. Le comportement des dividendes

Compte tenu de la crise sanitaire actuelle et du manque de visibilité quant à ses impacts sur les différents secteurs, les sociétés cotées ont dû gérer une situation exceptionnelle et s'orienter vers différentes stratégies pour à la fois protéger leur santé financière et satisfaire les actionnaires. Dans ce contexte, plusieurs sociétés ont été contraintes soit à abaisser leurs dividendes (10 sociétés) ou à renoncer à leur distribution (19 sociétés), tandis que 12 sociétés ont maintenu un dividende stable. Fait marquant de cette période de publication des résultats, 14 sociétés ont relevé leurs dividendes 2019 par rapport à l'exercice précédent.

---

[20]. *Revue Mensuelle de la Conjoncture Economique, Monétaire et Financière*, BKAM, mai 2020.

[21]. Source : *Revue mensuelle de la conjoncture économique, monétaire et financière*, BKAM.

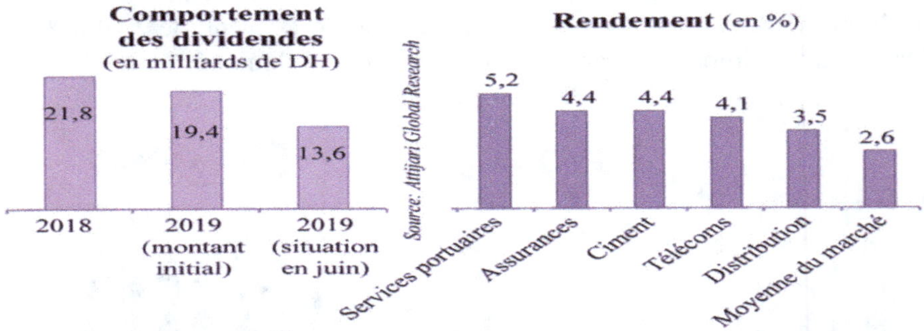

Figure 3 : **Évolution des dividendes et rendement du marché boursier marocain au S1-2020**[22]

Au final, le montant cumulé des dividendes 2019 s'élève à 13,6 MM dh. Par rapport à 2018, le montant des dividendes de la cote ressort en repli de -37,6 % à juin 2020[23]. En raison de la baisse du rendement des actions cotées sur la Bourse des valeurs de Casablanca, le rendement moyen du marché s'est ajusté à la baisse à 2.6 % contre 4 %[24] en moyenne pour les 3 dernières années. Cette baisse est due à la renonciation aux dividendes de la majorité des groupes bancaires, suite à la recommandation émise par Bank Al-Maghrib.

4.2. Volumétrie constatée durant la crise sanitaire

Le volume des échanges s'est établi à 2,6 milliards de dirhams après 6,7 milliards en mars. Sur le marché central actions, le volume des transactions a été de 2,2 milliards contre 5,6 milliards, soit une moyenne quotidienne de 97,9 millions de dirhams et le ratio de liquidités sur le compartiment actions s'est établi à 5,1 %. Le climat de prudence a poussé les investisseurs à revoir leur stratégie de placement et d'être en Stand-by en attendant une issue rapide à cette catastrophe sanitaire[25].

4.3. Profil des investisseurs durant le premier trimestre 2020

Au cours du T1-2020, les OPCVM ont drainé 44 % du volume transactionnel des actions sur le marché central de la Bourse, suivis par les

[22]. Source : www.leconomiste.com

[23]. https://www.leconomiste.com/article/1063232-societes-cotees-les-actionnaires-au-regime, (consulté le 15-06-2020).

[24]. https://www.leboursier.ma/Bourse/7742/2020/06/10/Societes-cotees-6-milliards-de-DH-de-dividendes-en-moins-a-cause-du-Covid-19.html%20, (consulté le 15-06-2020).

[25]. *Revue mensuelle de la conjoncture économique, monétaire et financière*, BKAM, mai 2020.

personnes morales marocaines (35 %). Enfin, les personnes morales étrangères et les personnes physiques marocaines ont généré 18 %.

Par ailleurs, le poids des personnes morales marocaines s'est apprécié de 7 points, passant de 28 % au T1-2019 à 35 % au T1-2020. Dans la même logique, la part des OPCVM s'est hissée de 2 points de pourcentage (de 42 % à 44 %)[26]. Cependant, les personnes morales étrangères ont vu leur part reculer de 9 points de pourcentage (ce qui n'est pas normal, vu la nouvelle allocation d'actifs imposée par la propagation du virus).

4.4. Principales mesures entreprises par l'État pour redynamiser l'économie

Face à cette crise, et afin de redynamiser l'économie, les principales mesures prises par l'État marocain sont les suivantes :

Sur le plan fiscal :

– Les entreprises dont le chiffre d'affaires est inférieur à 20 M dh, peuvent, si elles le souhaitent, bénéficier du report des déclarations fiscales et du paiement de l'impôt (il s'agit de tous les impôts, à l'exception de la TVA et du reversement des impôts retenus à la source dont les entreprises sont de simples collecteurs intermédiaires), du 31 mars jusqu'à fin juin. Les sociétés concernées bénéficient d'office de ce report sans formalité.

Sur le plan monétaire :

– Après une première baisse du taux directeur de 0.25 %, Bank-Al-Maghrib a procédé à une deuxième baisse pour le ramener de 2,0 % à 1,5 %. L'institution a également décidé de réduire la réserve obligatoire bancaire à 0 %[27] au profit des banques pour leur permettre de disposer des liquidités nécessaires pour le financement de l'économie.

– Report des échéances bancaires aux TPPME et aux ménages impactés du 31 mars au 30 juin 2020.

Sur le plan financier :

– Lancement par le CCG d'un mécanisme de garantie pour les crédits bancaires en faveur des auto-entrepreneurs appelé « Garantie Autoentrepreneurs Covid-19 ». Ce mécanisme a pour but de permettre aux auto-entrepreneurs de couvrir leurs charges nécessaires avec un plafond de 15 000 dh, et ce pour une durée de 3 ans dont un an de différé.

---

[26]. Revue *AMMC*, juin 2020.

[27]. Communiqué de presse, réunion du conseil de BAM, Juin 2020.

– Mise en place d'un nouveau produit « Damane Oxigène » par la CCG qui vise à garantir la mobilisation des ressources de financement en faveur des entreprises (sous conditions) dont la trésorerie s'est dégradée à cause de la baisse de leur activité. Il couvre 95 % du montant du crédit et permet ainsi aux banques de mettre en place rapidement des découverts exceptionnels pour financer le besoin en fonds de roulement des entreprises cibles.

– Lancement de deux nouveaux mécanismes de garantie par le CCG : il s'agit de Relance TPE et Damane Relance. Ces dispositifs ont pour objectif de relancer l'activité des entreprises à travers la garantie des crédits destinés à financer leurs BFR, remboursables sur une durée de 7 ans, avec 2 ans de différé (sous conditions).

Ces mesures ne peuvent être concrétisées que si l'État se dote d'un système bancaire fiable et que la place financière offre un large panel d'instruments permettant aux émetteurs d'accéder à tous types de financement par appel public à l'épargne et aux investisseurs de diversifier leurs portefeuilles (Karyotis, 2007). En outre, compte tenu du fait qu'il s'agit d'un marché émergent, un potentiel de diversification important existe (Vernimmen, 2017).

5. Impact de la Covid-19 sur la Bourse de Tunis : comparaison avec la BVC

Dans cette section, nous proposons de faire une comparaison avec la bourse tunisienne. Le choix de la Tunisie est justifié par l'appartenance à la même zone géographique et surtout par la forte corrélation qui existe entre ces deux marchés, et les relations qu'ils entretiennent avec quelques marchés européens plus matures (Neaime, 2012). Ainsi, à l'image des principales places boursières mondiales, la réaction du marché actions tunisien ne s'est pas fait attendre. Le faible bilan épidémiologique de la crise, la réactivité des différents intervenants des marchés financiers (pouvoirs publics, autorités des marchés), la faible exposition aux investisseurs étrangers de portefeuille et l'absence des secteurs les plus sinistrés par la crise de la cote ont permis de limiter les dégâts.

Le paysage commence à s'éclaircir à mesure que les gouvernements commencent à déconfiner leurs économies. En Tunisie, un vent d'optimisme a soufflé sur le marché actions, l'effet psychologique de la crise sur le moral des investisseurs commence peu à peu à se dissiper. L'indice Tunindex a clôturé le mois de mai à 6 488,61 points, enregistrant une hausse de 4,42 % après un fort repli de 4,16 % durant le mois d'avril. Depuis le début de l'année, ses pertes cumulées se sont ramenées à 8,89 % contre une perte de 3,25 % durant la même période de l'année 2019. Le Tunindex 20 a connu la même tendance, avec un gain de 5,42 % après avoir perdu 4,71 % durant le mois d'avril 2020, et clôturant ainsi à 2 816,91 points. Ses pertes cumulées depuis le début de l'année se sont établies à 9,95 % contre une perte de 3,86 % durant la même période de l'année 2019[28].

Le volume des échanges sur la Bourse a augmenté de 26 % par rapport au mois précédent pour atteindre 82 MD. Le volume d'échange quotidien moyen s'est établi à 4,3 MD contre 3,2 MD durant le mois d'avril, et à 4,5 MD depuis le début de l'année 2020. Les indicateurs d'activité des sociétés cotées au premier trimestre 2020 font ressortir une quasi-stagnation de leur revenu global (- 0,48 %) par rapport à la même période de l'année 2019, pour se situer à 4,152 milliards de dinars contre 4,172 milliards de dinars.

Comparée à la Bourse de Casablanca, la place tunisienne a été plus résiliente face à la crise sanitaire de la Covid-19 et a pu surpasser ses confrères de la région en limitant les pertes pour les investisseurs (au YTD la Bourse de Tunis affiche un repli de 5.81 % tandis que la BVC a chuté de 15.56 % – données au 06-07-2020 à 10 h 30). À l'instar des autres gouvernements, le président de la République a décrété la baisse du taux directeur de 100 pb pour le ramener à 6.75 % et a demandé la mise en place d'un assouplissement monétaire.

Une gestion rigoureuse de la crise sanitaire et son faible coût humain ont permis au gouvernement de faire un déconfinement progressif et rapide (par rapport au Maroc), ce qui a donné un sang frais au marché boursier local. Et ce, depuis le début du mois de mai.

Par ailleurs, avec des résultats 2019 plutôt encourageants, les investisseurs ont commencé à faire leur come-back et à animer le marché actions local. Avec une correction annuelle de 5,6 %[29], jusqu'au 17 juin 2020, la Bourse de Tunis figure parmi les marchés les moins touchés par la crise.

---

[28]. La lettre de la Bourse, Bourse de Tunis, Mai 2020.

[29]. Covid-19 : Un « séisme financier » inédit, Tunisie Valeurs, Juin 2020.

Figure 4 : **Évolution du Masi et Tunindex sur l'année 2020 (au 02-09-2020)**[30]

Évolution du Tunindex — évolution du MASI

Conclusion

Le Coronavirus a fait basculer tous les fondements du marché boursier marocain, entraînant une forte baisse de l'indice phare de la place casablancaise et remettant en cause toute une organisation qui peine à attirer de nouveaux investisseurs. Aujourd'hui, personne ne maîtrise l'ampleur de la crise sanitaire, ni sa durée.

Plusieurs nouvelles alimentent au quotidien le flux d'information, mais sans nous ramener une solution viable et sûre à cette pandémie. Cette crise financière en formation n'est que la conséquence mécanique des mesures de confinement imposées à travers le monde et particulièrement en Europe et aux USA.

La pandémie mondiale a provoqué des insolvabilités, des problèmes de liquidités, des faillites chez tout type d'entreprise (de la PME à la GE) à travers le monde. Malgré un confinement provisoire durant le pic de la pandémie, les marchés financiers, laissés à eux-mêmes en période de

30. Source : Investing.com

confinement généralisé, se sont effondrés tout en causant derrière eux des moins-values importantes chez les investisseurs (notamment les fonds d'investissement financiers).

L'étude de l'impact de la crise de la Covid-19 sur la Bourse de Casablanca a montré que l'indice MASI a reculé suite à une succession de mauvaises nouvelles, conjuguée à une récession. Cette dépréciation généralisée a principalement affecté les secteurs des ingénieries et biens d'équipement industriels, des banques, des bâtiments et matériaux de construction, de l'immobilier et des loisirs et hôtels. Comparée à la Bourse de Casablanca, la place tunisienne a été plus résiliente face à la crise sanitaire de la Covid-19 et a pu surpasser ses confrères de la région en limitant les pertes pour les investisseurs.

Les intervenants du marché boursier marocain doivent prendre leurs responsabilités et dynamiser cette catégorie d'actifs en faisant abstraction des conditions actuelles afin d'avoir un marché boursier résilient, efficient à 100 % et qui pourra concurrencer les grandes places de la région MENA. La BCV a besoin de catalyseurs pour redynamiser un marché qui stagne et souffrant depuis plusieurs années.

De ce fait, il est devenu important de former les entreprises à faire appel au marché des capitaux au lieu de s'orienter vers les instruments de financement classique pour financer leurs projets et leurs investissements. Il est devenu impératif pour les intervenants du marché boursier marocain de s'unir, de faire un état des lieux et de trouver des solutions visant à rendre la bourse marocaine plus compétitive.

Bibliographie

AIZENMAN J., JINJARAK Y., LEE M., PARK D. (2016), "Developing countries' financial vulnerability to the eurozone crisis : an event study of equity and bond markets", *Journal of Economic Policy Reform*, vol. 19, No1, pp : 1-19.

ASHRAF B. N. (2020), "Stock markets' reaction to Covid-19 : Cases or fatalities ?, Research in International Business and Finance", vol. 54, https://doi.org/10.1016/j.ribaf.2020.101249.

BECCHETTI L., CICIRETTI R. (2011). "Stock Market reaction to the global financial crisis : testing for the LEHMAN Brothers'EVENT". *G Giornale degli Economisti Annali di Economi,* Vol.70, No 2, pp : 3 – 58.

BELCAID K., EL GHINI À. (2019), "U.S., European, Chinese economic policy uncertainty and Moroccan stock market volatility". *The Journal of Economic Assemetries*, Vol.20, p. 1-16.

BRANDT J. (2016). *La crise, quelle crise ?*, Éditions Slatkine.

BurlAud A., EGLEM J.-Y., MYKITA P. (2006), *Dictionnaire de gestion : Comptabilité, finance, Contrôle*, Éditions Foucher.

EL KHATTAB Y., MOUDINE C. (2014), « Essai sur l'efficience informationnelle du marché boursier marocain », *Global Journal of Management and Business Research*, Vol. 14, N 1, pp : 18-30.

HEIDERICH D. (2010), *Plan de gestion de crise*, Éditions Dunod.

KARYOTIS C. (2007), *L'essentiel des marchés de capitaux français*, Gualino Éditeur, Paris.

NEAIME S. (2012), "The global financial crisis, financial linkages and correlations increturns and volatilities in emerging MENA stock markets", *Emerging Markets Review*, Vol. 13, pp : 268 – 282.

THIETART R.-A. (ed.), (2014), *Méthodes de Recherches en Management*, 4e édition, Paris, Dunod.

VERNIMMEN Pierre, QUIRY Pascal, LEFUR Yann (2017), « Finance d'entreprise », 15e édition, Paris, Dalloz.

Rapports & Notes d'analyses

Autorité marocaine du marché des capitaux, juin 2020.

La revue du marché des capitaux.

Haut-Commissariat au Plan, avril 2020, Note de Conjoncture.

Bank Al-Maghrib, mai 2020, Revue mensuelle de la Conjoncture économique. Monétaire et Financière.

Fonds monétaire International, avril 2020, World Economic Outlook : The great Lockdown.

Bourse de Casablanca, mai 2020, Rapport mensuel,

Bourse de Tunis, mai 2020, La lettre de la Bourse.

Tunisie Valeur, juin 2020, Covid-19 : Un « séisme financier » inédit.

International Energy Agency, May 2020, Oil Market Report.

Webographie

https://www.h24info.ma/economie/coronavirus-chomage-inflation-croissance-les-previsions-du-fmi-pour-le-maroc/

https://www.fr24news.com/fr/a/2020/04/le-marche-du-petrole-dans-le-super-contango-souligne-les-craintes-de-stockage-alors-que-le-coronavirus-detruit-la-demande-brute.html

https://www.usinenouvelle.com/article/pour-la-premiere-fois-de-son-histoire-le-cours-du-petrole-americain-passe-en-negatif.N955331

https://prixdubaril.com/news-petrole/68797-petrole-l-aie-un-peu-moins-pessimiste-su.html

www.bkam.ma

www.investing.com

https://www.finances.gov.ma/fr/Nos-metiers/Pages/news-dispositions-cve.aspx

https://www.leconomiste.com/article/1063232-societes-cotees-les-actionnaires-au-regime

https://www.leboursier.ma/Bourse/7742/2020/06/10/Societes-cotees-6-milliards-de-DH-de-dividendes-en-moins-a-cause-du-Covid-19.html

6

L'impact de la Covid-19 sur le déficit budgétaire marocain

Zakariae BEL MKADDEM
Enseignant-chercheur
École nationale de commerce et de gestion El-jadida
Université Chouaib Doukkali
belmkaddem.z@ucd.ac.ma

Résumé

Dans ce travail, nous démontrons à travers l'analyse historique et économétrique, que le déficit budgétaire au Maroc est engendré essentiellement par les dépenses d'investissement et partiellement par les dépenses de fonctionnement. En effet, en période d'expansion économique, le déficit budgétaire au Maroc accuse toujours une augmentation importante suite à l'augmentation des dépenses d'investissement. Toutefois, en période de marasme économique, le déficit budgétaire enregistre toujours une baisse significative suite à la diminution des dépenses d'investissement.

Dans ce cadre, nous présentons les différents scénarios possibles de la politique du déficit budgétaire face aux effets négatifs de la pandémie Covid-19. En effet, nous exposons dans un premier temps les conséquences directes de la pandémie Covid-19 sur l'équilibre budgétaire au Maroc. Puis, dans un deuxième temps, nous démontrons les avantages et les inconvénients susceptibles d'être confrontés par les autorités marocaines suite aux deux politiques budgétaires qui pourraient être adoptées (expansionniste ou d'austérité) pour redynamiser l'économie marocaine.

Mots-clés : Covid-19, déficit budgétaire, dépenses de fonctionnement, dépenses d'investissement, modèle ARDL.

Dans un environnement de propagation mondiale de la pandémie Covid-19, de fermeture de territoire à l'échelle mondiale et de la perturbation des chaînes internationales d'approvisionnement, l'économie mondiale est entrée dans une récession inédite depuis la grande dépression de 1929. En effet, selon la Banque mondiale, le PIB international enregistrerait une décélération qui pourrait dépasser 6 %, ce qui risque de menacer 1.6 milliard d'employés au niveau mondial (OIT, 2020).

Aux États-Unis, la récession économique a atteint 4.8 % du PIB au titre du premier semestre de l'année 2020, ce qui représente une diminution de plus de 200 % par rapport au même trimestre de l'année dernière qui avait enregistré une augmentation de 2.1 % (département de commerce américain 2020). Ainsi, dans les deux premiers trimestres qui ont suivi la pandémie Covid-19, les États-Unis ont déclaré 26 millions de chômeurs supplémentaires et des milliers d'entreprises sont menacées par l'arrêt total de la production (*Wall Street* journal, 2020).

En Europe, les mesures drastiques du confinement ont conduit à une baisse du PIB de 3.3 % au titre du premier trimestre de 2020, le taux de chômage a enregistré une hausse historique qui a avoisiné 8 % (CE, 2020) et des milliers d'entreprises ont déclaré la banqueroute.

La Chine, où la pandémie est apparue pour la première fois dans la province de Hubei, a pour sa part accusé un repli inédit de 6.8 % suite à la baisse de la production au niveau national. Par conséquent, le taux de chômage au titre du premier semestre a atteint un pic historique de 6.2 % (statistique officielle de la Chine, 2020).

Cette contraction de l'activité au niveau mondial a significativement impacté l'économie du Maroc, pays très ouvert sur le reste du monde. En effet, la baisse de la demande étrangère, adressée au Maroc, a conduit à une diminution vertigineuse de la production nationale. Dans ce cadre, et selon les statistiques du HCP, le produit national brut pourrait enregistrer une contraction record de 5.8 % en volume (HCP, 2020).

Ce contexte national et international de décroissance n'a pas impacté seulement le tissu des entreprises marocaines, mais également l'équilibre macroéconomique au niveau des recettes, des dépenses, du commerce extérieur et des réserves de change.

Le Maroc, pays imprégné dans les normes libérales du marché, a longtemps considéré l'équilibre macroéconomique comme un objectif financier majeur garant du développement économique. Ainsi, malgré les divergences théoriques sur le pseudo-libéral de l'équilibre budgétaire, les autorités publiques, surtout dans les deux dernières décennies, ont toujours pratiqué une politique budgétaire prudente afin de sauvegarder la stabilité de l'équilibre budgétaire au Maroc.

L'objectif de ce travail est d'étudier l'impact de la pandémie Covid-19 sur l'équilibre budgétaire au Maroc. Pour ce faire, nous analyserons tout d'abord la situation budgétaire au Maroc avant la pandémie Covid-19. Puis nous présenterons l'impact de cette pandémie sur la situation budgétaire de l'année en cours (2020). Enfin, nous conclurons avec une analyse économétrique des principaux indicateurs de la politique du déficit budgétaire au Maroc.

1. L'évolution du déficit budgétaire au Maroc avant la pandémie Covid-19

L'évolution du déficit budgétaire au Maroc avant la pandémie de Covid-19 pourrait être scindée en quatre phases : la première, de 1960 à 1973, caractérisée par un effort de resserrement budgétaire ; la deuxième, de 1974 à 1980, distinguée par l'aggravation du déficit budgétaire ; la troisième, de 1981 à 2000, marquée par un retour significatif à l'équilibre budgétaire et, enfin, la quatrième, de 2000 à 2020, qualifiée par la période d'instabilité budgétaire.

1.1. Période de resserrement budgétaire (1960-1973)

Cette période a marqué le passage de l'économie coloniale à l'économie postcoloniale. En effet, pour dynamiser l'économie marocaine, le Maroc a adopté trois plans successifs, à savoir le plan quinquennal (1968-1972), le plan triennal (1965-1967) et le plan 1968-1972.

Ces plans ont été concentrés sur les infrastructures de base. Ils visaient surtout l'amélioration de l'agriculture, du tourisme et de l'industrie. Cependant, malgré le dispositif étatique adopté, le taux de croissance annuelle (entre 1960 et 1968) est resté négatif par rapport au taux de croissance démographique (Belal et *al.*, 1970).

Par conséquent, le déficit budgétaire accumulé pendant la première décennie de l'indépendance, n'est que le résultat de la réalisation des différentes lois de finance axées sur les différents plans dont l'investissement public a occupé une place prépondérante.

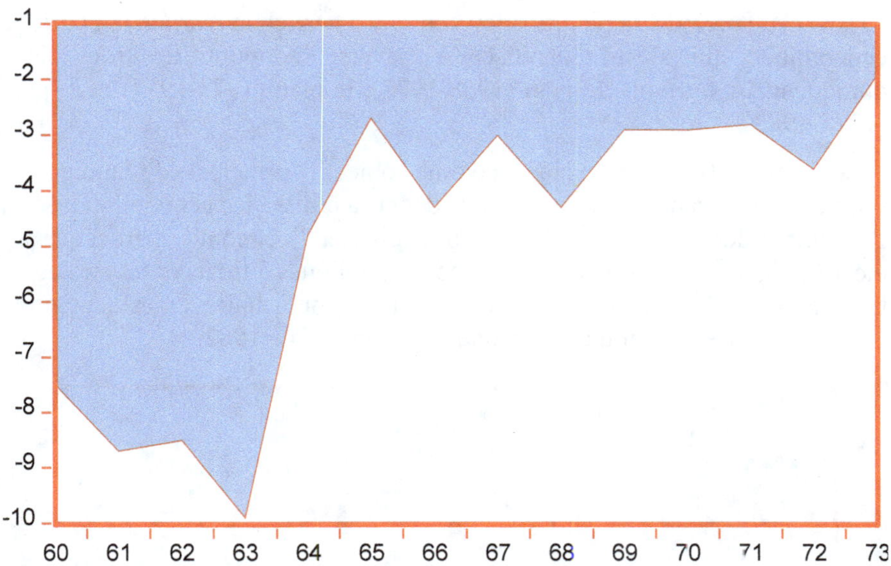

Graphique 1 : **Évolution du déficit budgétaire pendant la période 1960-1973**[1]

Le déficit budgétaire a évolué en moyenne de 8 % par an entre 1960 et 1964, avant de connaître une diminution en moyenne de 3,66 % entre 1965 et 1970 (Maroc possible, 2006). L'aggravation du déficit dans la première sous-période s'explique par l'application des dispositifs du plan quinquennal (1965-1967) qui prévoyait une augmentation annuelle de 20 % de l'investissement. Quant à la deuxième période (1968-1970), la diminution du déficit budgétaire s'expliquait par la diminution de la part prévisionnelle consacrée à l'investissement dans le plan triennal (1964-1968) qui est passé de 20 à 16 %.

Par conséquent, nous pouvons confirmer que le déficit budgétaire dans cette décennie s'expliquait par des mesures discrétionnaires prises par le pouvoir public pour améliorer l'infrastructure de base et non par des chocs conjoncturels qui auraient fait augmenter les dépenses ou diminuer les recettes publiques.

1.2. Période d'expansion budgétaire (1974-1982)

Cette période constitue l'une des phases les plus déséquilibrées de la finance publique marocaine (El Malki, 1990) : elle se caractérise par un déficit budgétaire qui a pris une tendance structurelle, des tensions inflationnistes ; le taux de croissance en moyenne n'a pas dépassé 3 % et le taux de chômage est resté aux alentours de 9 %.[1]

[1] Graphique réalisé par l'auteur.

Dans cette période, la planification centrale a beaucoup marqué la politique économique qui s'est concrétisée à travers l'adoption de trois plans quinquennaux à savoir, le plan (1968-1972), le plan (1973-1977) et le plan (1978-1982).

Ces différents plans avaient comme objectif principal d'amorcer les politiques des grands chantiers afin de doper la croissance économique. Mais l'ensemble des dispositifs adoptés pour relancer l'économie marocaine ont été affaiblis face à l'incapacité des recettes publiques à financer les stratégies tracées. Par conséquent le déséquilibre budgétaire s'est aggravé considérablement sur toute la période allant de 1974 à 1982.

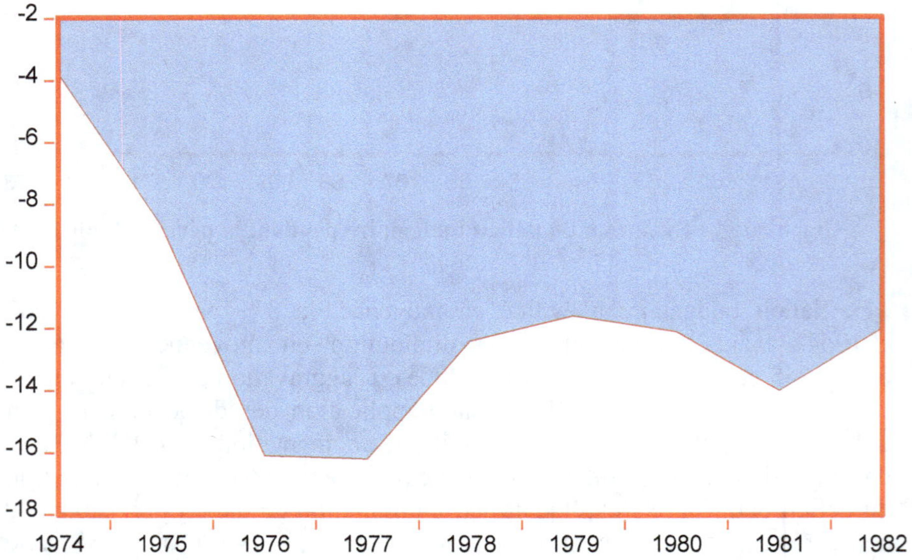

Graphique 2 : **Évolution du déficit budgétaire pendant la période 1974-1982**[2]

Dans cette période, le déficit budgétaire a connu la tendance la plus haussière de l'histoire de la finance publique marocaine. En effet, il a fluctué autour de 13 % et l'année 1976 a enregistré un taux déficitaire record de 16 %. En outre, l'aggravation du déficit budgétaire s'explique, d'une part, par l'augmentation des dépenses d'investissement et, d'autre part, par l'alourdissement des dépenses de fonctionnement.

Les dépenses d'investissement, suite à l'exécution des différents plans quinquennaux, ont connu une augmentation qui a dépassé en moyenne 30 % sur toute la période. Pour les dépenses de fonctionnement, et dans un objectif de modernisation de l'administration publique, elles ont enregistré une augmentation moyenne qui a dépassé 10 % sur la période 1974-1982.

[2]. Graphique réalisé par l'auteur.

1.3. Période d'austérité budgétaire (1984-2000)

L'exécution des différents plans a engendré des déséquilibres financiers et monétaires flagrants. Au niveau financier, le déficit budgétaire a pris une allure structurelle et il a atteint pendant la période (1974-1982) 12 % du PIB. Au niveau monétaire, le taux de croissance monétaire, dont une partie importante revient aux avances de Trésor, a atteint en moyenne 20 %, dépassant ainsi le PIB moyen qui a atteint 7 %.

Derrière ce bilan, les perturbations d'ordre national et international ont fortement influencé l'économie marocaine. Au niveau national, les fluctuations pluviométriques à travers la caisse de compensation ont beaucoup impacté les dépenses publiques ; de même, l'ambition du plan concentré sur les dépenses d'investissement, n'avait pas prévu une source stable de financement (la conjoncture internationale a fortement influencé les prix du phosphate, ce qui a aggravé encore le déséquilibre budgétaire). Ainsi, la perturbation des prix, surtout ceux des matières premières (blé, pétrole...), a fortement augmenté les besoins de financement du Trésor *via* les dépenses de la caisse de compensation. Par conséquent, et face à l'accumulation de l'endettement national qui a atteint presque l'équivalent du PIB en 1980, le Maroc a adopté un programme d'ajustement structurel pour assainir les finances publiques marocaines.

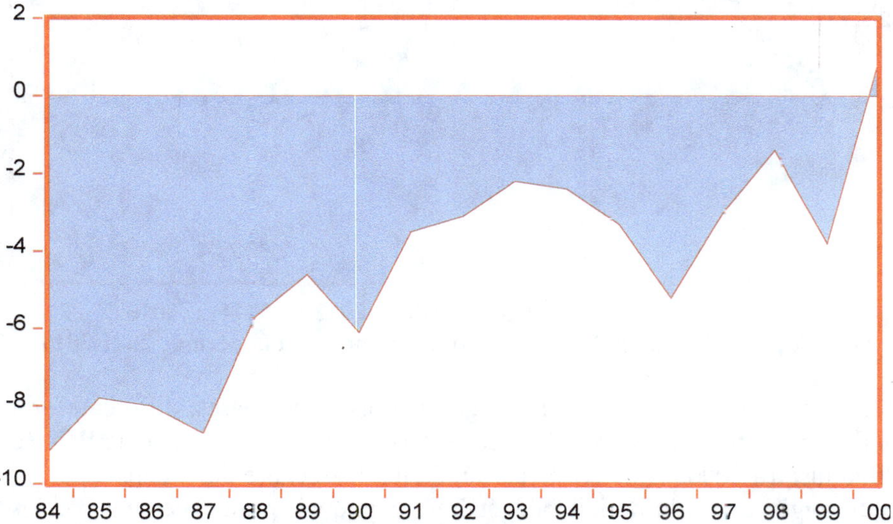

Graphique 3 : **Évolution du déficit budgétaire pendant la période 1984-2000**[3]

Sue le graphique, nous constatons que le déficit budgétaire a poursuivi une tendance baissière qui a dépassé 100 % sur toute la période comprise entre

[3]. Graphique réalisé par l'auteur.

1984 à 1999. De surcroît, le solde budgétaire a enregistré pour la première fois un excédent budgétaire de 0.9 % du PIB. En effet, cette politique d'austérité, adoptée par les autorités marocaines sous les recommandations du FMI et de la Banque mondiale, a permis un retour vers l'équilibre financier au détriment des dépenses d'investissement qui ont accusé une chute importante.

1.4. Période d'instabilité budgétaire

Dans cette période, le déficit budgétaire a fluctué en moyenne entre 3 % et 6 % du PIB. Cette remontée significative du déficit budgétaire s'expliquait surtout par les fluctuations des dépenses de compensation, des salaires suite à une politique de dialogue social, et des dépenses d'investissement (Belmkaddem, Touijar, 2019) .

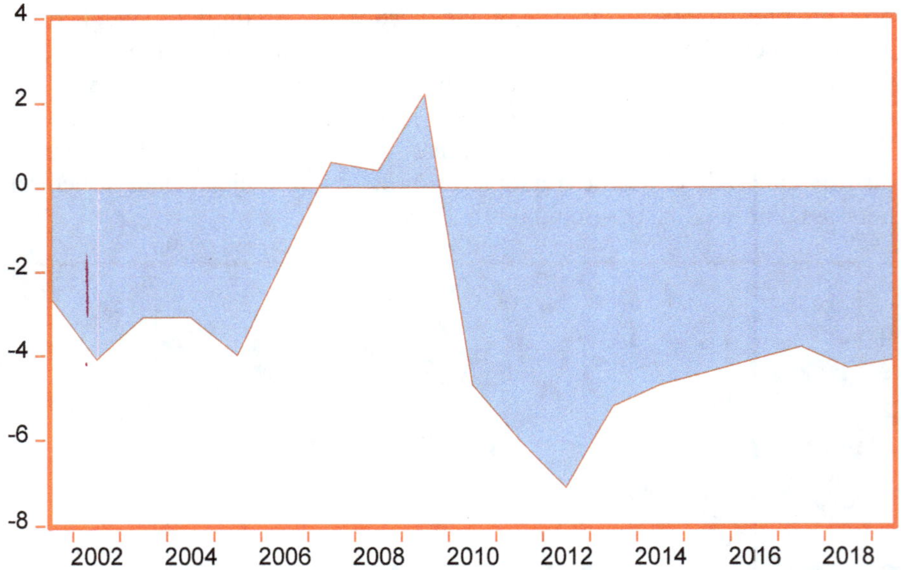

Graphique 4 : **Évolution du déficit budgétaire pendant la période 2001-2019**[4]

Du graphique, nous pouvons dégager trois sous-phases différentes du déficit budgétaire au Maroc dans cette période. La première depuis l'année 2000 jusqu'à 2006, caractérisée par un déficit budgétaire qui a dépassé 3 % : cette aggravation du déficit budgétaire s'expliquait principalement par les retards consécutifs au niveau des recettes de privatisation (BAM, 2000), par l'aggravation des dépenses de compensation (BAM, 2004), par la mauvaise campagne agricole et par le renchérissement des prix au niveau mondial (BAM, 2005).

---

[4]. Graphique réalisé par l'auteur.

La deuxième phase, de 2007 à 2009, a été caractérisée par une reprise significative au niveau des finances publiques, le solde budgétaire a enregistré un excédent pendant trois années successives. Ce résultat s'explique notamment par l'augmentation des recettes fiscales de plus de 20 % (DGI, 2007), et des recettes non fiscales suite à la privatisation de la Comanav et du 4 % de Maroc télécom (BAM, 2007).

La troisième phase, de 2010 à 2019, est marquée par un retour du déficit budgétaire avec un rythme haussier qui a dépassé en moyenne 4.5 %. Cette aggravation du déficit budgétaire s'explique principalement par :

- La contraction des recettes fiscales de plus de 10 % suite aux réductions des taux en matière d'IS et d'IR (DGI 2009).
- L'augmentation des dépenses d'investissement de plus de 20 % (BAM 2009).
- L'augmentation des charges de compensation suite au renchérissement des prix au niveau international (BAM, 2011 et 2018).

2. Le déficit budgétaire au Maroc à l'heure de la pandémie Covid-19

Le projet de la loi de finance 2020 a prévu un taux de croissance du PIB supérieur à 3 %, une augmentation de la demande étrangère de 3.5 %, une production céréalière de 70 millions de quintaux… et un déficit budgétaire de 4.5 %. Néanmoins, la propagation de la pandémie Covid-19 a remis en cause toutes les hypothèses de départ, les mesures de confinement conjuguées à la chute importante de la demande étrangère vont conduire à une contraction économique de -5 % selon le dernier communiqué de Banque al Maghreb.

En effet, ce retournement de la conjoncture économique impacterait également les recettes et les dépenses publiques, ce qui pourrait encore aggraver le déficit budgétaire au Maroc. Nous essayons, d'abord, de repère et d'expliquer les mécanismes économiques qui vont directement impacter l'équilibre budgétaire au Maroc à cause de la pandémie Covid-19 (2.1). Puis, nous passons à un essai de modélisation économétrique de l'influence de cette crise sanitaire sur l'équilibre budgétaire au Maroc (2.2).

2.1. L'impact de la pandémie Covid-19 sur l'équilibre budgétaire au Maroc : une analyse économique

Pour évaluer l'impact de la pandémie Covid-19 sur l'exercice budgétaire en cours, il serait crucial de diagnostiquer l'équilibre budgétaire pendant l'exercice 2019 (2.1.1) pour que nous puissions analyser par la suite le comportement des différents indicateurs budgétaires suite à cette pandémie (2.1.2).

2.1.1. Structure du déficit budgétaire au Maroc pendant l'année 2019

Les recettes publiques au Maroc sont de prépondérance fiscale, elles fluctuent autour de 90 % des recettes ordinaires, composées des impôts indirects (TVA, TIC) qui représentent 49 % des recettes fiscales, et des impôts directs (IS, IR) qui constituent 40 % des recettes fiscales (DGI, 2019). Quant aux recettes des droits de douane et d'enregistrement, elles ne représentent que 10 % des recettes fiscales au Maroc.

Pour les recettes non fiscales, elles forment en moyenne 10 % des recettes ordinaires, elles sont constituées essentiellement des recettes de monopole (OCP, BAM, CDG…) et des dons des pays de CCG (DGI, 2019). Ces recettes sont destinées à financer les différentes dépenses publiques de fonctionnement, d'investissement et des intérêts de la dette publique.

Au niveau des dépenses de fonctionnement, elles représentent en moyenne 70 % des dépenses globales dont 50 % sont des dépenses de personnel, 30 % des dépenses de biens et services, 8 % des dépenses de compensation et 12 % des dépenses de collectivité locales (BAM, 2018). Pour les dépenses de la dette, elles fluctuent autour de 9 % des dépenses globales et représentent l'ensemble des rémunérations de la dette publique intérieure qui constitue en moyenne plus de 80 % et des rémunérations de la dette publique. Quant à l'endettement extérieur, il ne représente en moyenne que 20 % de la charge d'intérêt.

En effet, l'ensemble des recettes publiques n'arrive pas d'une façon presque permanente à financer les dépenses publiques, d'où l'aggravation du déficit budgétaire qui a atteint 4.3 % du PIB en 2018 et 4.1 % du PIB en 2019 (données provisoires). Ainsi, ce déficit budgétaire s'explique toujours soit par une décélération des recettes fiscales soit par une augmentation des dépenses des personnels ou d'investissement. Cependant, la pandémie Covid-19, qui représente une nouvelle contrainte pour la finance publique marocaine, a commencé à impacter directement les recettes et les dépenses publiques. Engendrerait-elle une aggravation ou une amélioration du déficit budgétaire au Maroc ? Et, dans les deux scénarios, quel en sera l'effet sur la croissance économique au Maroc ?

2.1.2. L'impact de la pandémie Covid-19 sur l'équilibre budgétaire 2020

Les dernières données disponibles sur la finance publique marocaine, quoique provisoires, indiquent que le solde budgétaire, au Maroc, serait impérativement aggravé par les effets néfastes de la pandémie Covid-19. En effet, la loi des finances initiale a prévu une augmentation des recettes publiques de 3.5 %, des dépenses publiques de 3.7 % et du déficit budgétaire de 3.5 % (PLF, 2020).

Toutefois, la loi des finances rectificative, suite à la propagation de la pandémie, a revu toutes les prévisions à la baisse. Dans ce cadre, les prévisions actualisées du ministère des Finances indiquent une diminution des recettes fiscales de 18,6 %, une augmentation des dépenses publiques de 0.52 % et une augmentation prévisionnelle du déficit budgétaire (PLFR, 2020).

En effet, l'aggravation du déficit budgétaire s'explique principalement par l'impact de cette pandémie sur les trois composantes de la fiscalité marocaine à savoir : d'abord, la diminution des recettes de TVA et de TIC, suite à la baisse significative de la consommation nationale ; ensuite, une chute importante au niveau de l'IR à cause de l'impact du confinement sur les transactions immobilières qui ont influencé directement l'impôt sur le revenu du profit foncier ; enfin, la diminution du droit de douane de 24 % suite à l'arrêt des échanges au niveau international pendant le confinement.

D'un autre côté, dans sa note de conjoncture, la direction du Trésor a publié un état synthétique sur la finance publique au titre des deux premiers semestres de l'année 2020. Ainsi, ce rapport expose l'impact financier direct de la pandémie Covid-19 sur l'équilibre budgétaire au Maroc .

	juin-2019	juin-2020	Variation
Dépenses des biens et services	90515	99840	10,30216
Dépenses d'investissement	32555	36282	11,44832
Recettes fiscales	110804	102593	-7,41038
Déficit budgétaire	22824	28765	26,02962

Tableau 1 : **Impact de la Covid-19 sur le solde budgétaire au Maroc (réalisation)**[5]

Du tableau, nous remarquons qu'au titre des six premiers mois de l'année 2020, le déficit budgétaire a augmenté de 26 % par rapport à la même période de l'année dernière, cette aggravation du déficit budgétaire s'expliquait principalement par la décélération des recettes fiscales de plus de 7 %.

Ce fléchissement des recettes fiscales est dû essentiellement aux mesures de confinement prises par les autorités marocaines pour lutter contre la pandémie Covid-19. En effet, la fermeture du territoire a conduit à une diminution drastique des importations, ce qui a engendré une diminution en termes de TVA à l'importation, des TIC et des droits de douane. Dans le même sens, les mesures de confinement ont également conduit à une diminution de la TVA à l'intérieur (diminution de la consommation

[5]. Source adaptée : TGR (2020).

nationale) et de l'impôt sur le revenu et du profit foncier suite à l'effondrement des transactions immobilières pendant le confinement.

2.2. L'impact de la pandémie Covid-19 sur l'équilibre budgétaire au Maroc : une analyse économétrique

L'objectif, ici, est de présenter une analyse économétrique de l'impact de la Covid-19 sur le solde budgétaire. En effet, notre principale contrainte est l'absence de données définitives sur la pandémie Covid-19 qui ne cesse de se propager au moment de la rédaction de ce travail. Pour pallier ce problème, nous essayons de présenter une analyse économétrique de 1980 jusqu'à 2020. Ainsi, les données provisoires publiées pour l'année en cours seront rapportées à 12 mois et considérées comme définitives. Puis, en fonction des résultats obtenus, nous discutons l'impact potentiel et prévisionnel de la Covid-19 sur l'équilibre budgétaire au Maroc. Pour ce faire, notre base des données sera constituée de quatre séries chronologiques, qui seront présentées dans le tableau suivant, avec le test de stationnarité correspondant :

Séries chronologiques	**Sources**	**Test de non-stationnarité**		**Ordre de stationnarité**	
		PP	**ADF**	**PP**	**ADF**
Déficit budgétaire au Maroc **(DBM)**	Banque al-Maghreb	*NS*	*NS*	*I (1)*	*I (1)*
Dépenses de fonctionnement au Maroc **(DFM)**	Banque al-Maghreb	*S*	*S*	*I (0)*	*I (0)*
Dépenses d'investissement au Maroc **(DIM)**	Banque al-Maghreb	*NS*	*NS*	*I (1)*	*I (1)*
Les recettes fiscales au Maroc **(RFM)**	Direction générale des impôts	*NS*	*NS*	*I (1)*	*I (1)*

Tableau 2 : **Les séries chronologiques**[6]

D'après le résultat de stationnarité, nous constatons que les différentes séries ont un degré d'intégration différent et inférieur à 1. Par conséquent, le modèle le plus adapté dans ce cas est l'ARDL. Les résultats des différents tests sont regroupés dans les tableaux ci-dessous.

[6]. Tableau réalisé par l'auteur.
Note : PP : Phillips-Perron, ADF : augmented Dckey-Fuller

Les relations de court terme	
DBM Y_i	DBM
ECM_{t-1}	-1.784646* (0.000001)**
DFM	0.378092 (0.0075)
DIM	1.167538 (0.0005)
RFM	0.763987 (0.7743)
Les relations de long terme	
DBM Y_i	DBM
DFM	0.375266 (0.0199)
DIM	2.169313 (0.0000)
RFM	-0.486935 (0.0658)
C	-7.955639 (0.0715)

Tableau 3 : **Estimation des relations de court terme et de long terme**[7]

Statistiquement, nous constatons que les dépenses de fonctionnement (DFM) et d'investissement (DIM) sont corrélées positivement avec le déficit budgétaire au Maroc dans les relations des courts et des longs termes. Néanmoins, les recettes fiscales ne sont pas contributives dans l'explication du déficit budgétaire au Maroc[8].

[7]. Tableau construit par l'auteur à partir d'éviews 9.
Note : * Coefficient des variables ** (.) probabilité au seuil de 5%

[8]. Ce résultat économétrique est en contradiction avec l'explication économique déjà présentée, la raison pourrait être due aux données provisoires de courtes périodes (2019 et 2020) qui ont biaisé la qualité de l'information.

Économiquement, le modèle économétrique nous informe que les deux variables DFM et DIM impactent significativement[9] le déficit budgétaire. Ce constat est cohérent avec l'étude déjà présentée de l'évolution du déficit budgétaire au Maroc (voir I). En effet, on a déjà démontré que la période du déficit budgétaire colossal coïncide toujours avec l'augmentation des dépenses d'investissement, et la période d'austérité budgétaire se justifie par la diminution des dépenses d'investissement. Toutefois, les dépenses de fonctionnement (dont 70 % correspondant aux dépenses de personnel) contribuent toujours à l'aggravation du déficit budgétaire sans qu'elles accusent une diminution significative : ce résultat s'explique par le caractère incompressible dû à la composante sociale et à la stabilité politique qui en découle. Par voie de conséquence, dans les périodes de crise ou de rétrécissement budgétaire, les dépenses de fonctionnement sont toujours favorisées au détriment des dépenses d'investissement.

Dans cette perspective, et à l'ère de la pandémie Covid-19, les pouvoirs publics seront confrontés à deux scénarios possibles. En effet, ils peuvent adopter soit une politique d'austérité budgétaire qui favorise les équilibres macroéconomiques, soit une politique expansionniste qui favorise la croissance économique au détriment de l'équilibre financier.

Pour la politique d'austérité budgétaire, elle n'est autre que la sauvegarde du déficit budgétaire à un niveau faible (3 % du PIB) : ce scénario n'est possible qu'à travers une diminution drastique des dépenses d'investissement à cause du caractère incompressible des dépenses de fonctionnement. Mais cette politique, qui garantirait certes les équilibres macroéconomiques, risquerait de porter atteinte au pouvoir d'achat des citoyens marocains à cause de la diminution de l'investissement public et pourrait, par conséquent, conduire à une augmentation du taux de chômage au Maroc au sens keynésien (équilibre de sous-emploi).

En ce qui concerne la politique expansionniste, elle sera concrétisée à travers l'augmentation des dépenses de fonctionnement (notamment les dépenses de la santé et de l'enseignement) et le maintien du même rythme d'investissement qui représentait avant la pandémie Covid-19 une moyenne de 20 % du budget de l'État. Ainsi, cette politique expansionniste engendrerait un déficit budgétaire colossal qui pourrait dépasser 10 % du PIB (rappelons qu'à la période de la crise des *subprimes*, le déficit budgétaire des pays dits « les plus libéraux » avait dépassé 10 % du PIB). Par conséquent, la politique de financement du déficit budgétaire impacte directement les effets du rôle discrétionnaire de l'État.

En effet, le financement intérieur n'engendrerait pas des effets d'éviction tels que proposés par les différentes approches économiques (Bel Mkaddem,

---

[9]. Les tests de validation du modèle ARDL sont présentés en annexe.

2019). Mais, cette politique expansionniste conduirait inéluctablement à un épuisement des réserves en devises (augmentations des importations marocaines face à l'amélioration du pouvoir d'achat), ce qui contraint le Maroc à consulter l'endettement extérieur.

Conclusion

Au moment de la rédaction de ce travail, l'hémorragie engendrée par la pandémie Covid-19 n'est pas encore endiguée, les effets néfastes sont en train de s'amplifier, les bases de données sont encore provisoires et les différentes études n'arrivent pas jusqu'à maintenant à trancher sur l'ampleur de ce phénomène sur la finance publique des différents pays. Dans ce travail, nous avons concentré l'analyse sur l'impact de la pandémie Covid-19 sur l'équilibre budgétaire au Maroc. Pour ce faire, on a commencé par une analyse économique et historique du déficit budgétaire au Maroc. Puis, nous avons mis l'accent sur l'impact de cette pandémie sur l'équilibre budgétaire de cette année. Ensuite, nous avons terminé avec une étude économétrique pour éclaircir les implications économiques de la pandémie Covid-19 sur l'équilibre budgétaire au Maroc. Les enseignements qu'on peut tirer de ce travail peuvent être ventilés en deux axes principaux :

Premièrement : les dépenses d'investissement constituent toujours la variable la plus volatile par rapport à la politique économique. En effet, en période d'expansion économique, elles connaîtraient une augmentation importante. Par contre, en période de récession, elles accuseraient une baisse drastique.

Deuxièmement : en période de pandémie Covid-19, et puisque les dépenses de fonctionnement sont toujours intactes pour des raisons sociales et politiques, l'État marocain pourrait pratiquer une politique d'austérité, ou une politique expansionniste. Ainsi, dans le premier scénario, l'équilibre budgétaire serait garanti (déficit budgétaire inférieur à 3 %) ; cette politique risque de se répercuter négativement sur le pouvoir d'achat des citoyens marocains et, par conséquent, sur toute l'activité économique.

Néanmoins, si les autorités marocaines préfèrent une politique du déficit budgétaire (politique expansionniste), elle permettrait certes d'augmenter le pouvoir d'achat des citoyens et de dynamiser l'activité économique (à travers l'augmentation des revenus). Mais, elle risque d'hypothéquer l'avenir des générations futures et des politiques économiques qui en découlent à cause de l'aggravation de l'endettement extérieur.

Enfin, il faut rappeler que la dépendance de l'extérieur en termes d'endettement n'est qu'un indicateur financier de l'échange réel. En effet, le Maroc, pays importateur de biens de consommation et d'investissements, devrait revoir toute sa politique économique afin de minimiser la dépendance en question, et de garantir le développement du circuit économique interne, véritable garant de stabilité en période de crise.

Bibliographie

BANK AL-MAGHRIB (2020), *Rapport sur la politique monétaire*, N° 55/2020.

BELAL A. et AGOURRAM A. (1969), « L'économie marocaine depuis l'indépendance, *Annuaire de l'Afrique du N »ord*, p. 145-168.

BEL MKADDEM Z. (2019) « Les différentes formes des effets d'éviction au Maroc : une étude empirique (1980-2018) », *Revue repères et perspectives économiques*, Vol. 3, n°2.

BEL MKADDEM Z., TOUIJAR D. (2019) « Le déficit budgétaire et le déficit de la balance commerciale peuvent être qualifiés de jumeaux ? Étude empirique sur le cas marocain », *Revue internationale des sciences de gestion*, Vol. 2, n° 2.

COMMISSION EUROPÉENNE (2020), Emploi et économie pendant la pandémie de Covid-19.

EL MALKI H. (1990), *Trente ans d'économie marocaine 1960-1990*, CNRS.

HAUT-COMMISSARIAT AU PLAN (2020), *La situation économique en 2020 et ses perspectives en 2021.*

HAUT-COMMISSARIAT AU PLAN (2020), *Direction de la Prévision et de la Prospective, La situation économique en 2020 et ses perspectives en 2021*, juillet 2020.

OBSERVATOIRE DE L'ORGANISATION INTERNATIONALE DU TRAVAIL (2020), *Le Covid-19 et le monde de travail.*

LE MAROC POSSIBLE (2006), *50 ans de développement humain.*

MINISTÈRE DE L'ÉCONOMIE, DES FINANCES ET DE LA RÉFORME DE L'ADMINISTRATION PUBLIQUE (2020), *Bulletin mensuel des statistiques des Finances publiques*, avril 2020.

MINISTÈRE DE L'ÉCONOMIE, DES FINANCES ET DE LA RÉFORME DE L'ADMINISTRATION PUBLIQUE (2020), *Projet de la loi de finances rectificative pour l'année 2020.*

MINISTÈRE DE L'ÉCONOMIE, DES FINANCES ET DE LA RÉFORME DE L'ADMINISTRATION PUBLIQUE (2020), *Projet de la loi de finances pour l'année 2020.*

MINISTÈRE DE L'ÉCONOMIE, DES FINANCES ET DE LA RÉFORME DE L'ADMINISTRATION PUBLIQUE (2020), *La Trésorerie générale du Royaume*, Bulletin mensuel de statistique des finances publiques, juin 2020.

RAPPORT DE BANK AL-MAGHREB (DE 2000 À 2018).

RAPPORT DE LA DIRECTION DES IMPÔTS (2007).

RAPPORT DE LA DIRECTION GÉNÉRALE DES IMPÔTS (2009).

Annexe

Graphique1 : **Test de CUSUM**

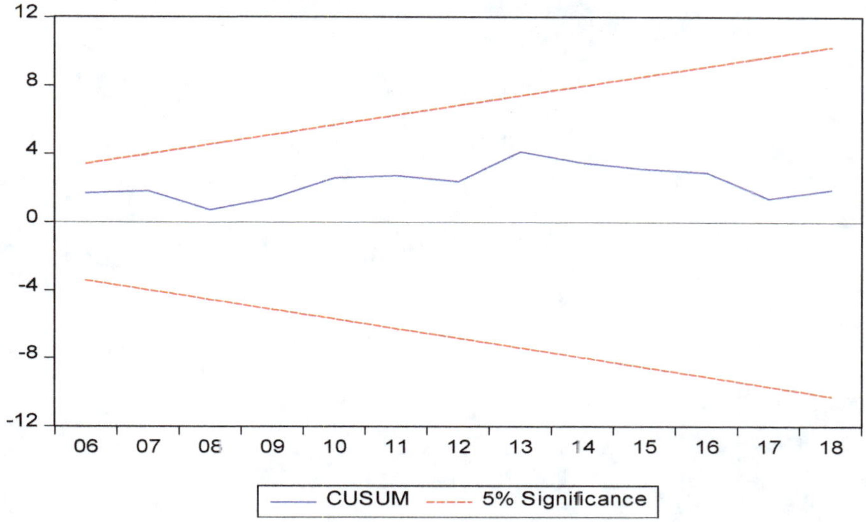

Source : Eviews 9

Graphique 2 : **Test de CUSUM of Squares**

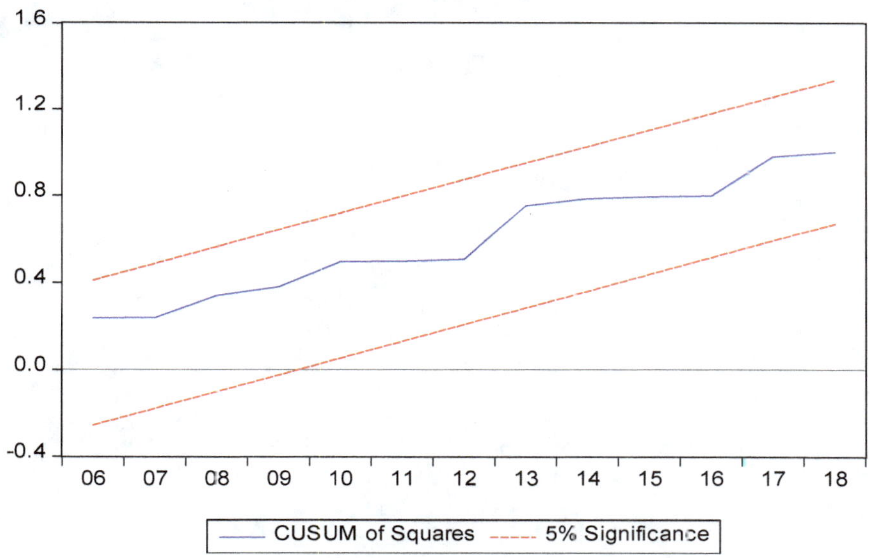

Source : Eviews 9

7

Le travail féminin comme clé d'une lecture écoféministe de la crise socio-économique au Maroc

Étude exploratoire des travailleuses dans le secteur du tourisme

Salwa HANIF
Enseignante-chercheuse
École nationale de commerce et gestion d'El-Jadida
Université Chouaib Doukkali
hanif.salwaa@gmail.com

Résumé

La pandémie de la Covid-19 est devenue la source d'une crise économique et sociale mondiale. Notre objectif est de comprendre en profondeur les mécanismes se trouvant derrière l'extension de cette crise et sa gravité. Nous faisons appel au courant écoféministe, dans le cadre duquel Henderson propose un modèle économique où les secteurs formel et informel sont indissociables, notamment sous l'angle du travail des femmes. Ces dernières ont accès au marché du travail formel mais uniquement au prix d'une délégation à d'autres femmes, de manière formelle ou informelle, d'une partie de leur travail invisible. Afin de mieux explorer ce lien entre ces deux facettes de l'économie marocaine, nous nous sommes intéressée au cas des femmes salariées du secteur du tourisme au Maroc. Le choix de ce secteur s'explique par la suspension de l'activité des acteurs du transport et du tourisme à cause de l'actuelle crise sanitaire.

Nous avons mené une étude exploratoire auprès d'un panel de 10 femmes aux profils divers, qui travaillent de manière formelle dans ce secteur et qui résident à Casablanca. Notre étude a eu lieu durant les mois de juin et juillet 2020, c'est-à-dire en plein confinement strict des foyers marocains. À partir de la description de leurs modalités de conciliation entre vie professionnelle et personnelle avant, pendant et après ce confinement, nous avons pu identifier les mécanismes du passage de la crise sanitaire vers la crise économique et sociale et, surtout, dû définir le rôle des valeurs qui animent ces femmes qui renforcent davantage le lien entre les différentes facettes de l'économie.

Mots clés : conciliation, travail invisible, économie écoféministe, secteur informel.

Mardi 22 septembre, les déclarations de M. Abdellatif Jouahri[1] à la presse montrent que la crise économique, que vit le Maroc actuellement, est faite pour durer : « Les nouvelles prévisions macroéconomiques de BAM sont plus sombres qu'en juin dernier. Croissance, échanges extérieurs, finances publiques… Tous les indicateurs devraient fortement se dégrader en 2020 à cause de la crise sanitaire et des mesures des autorités[2]. » Ces propos confirment la transformation de la crise sanitaire en crise économique plus ou moins durable et ce, pour les pays du monde entier. Nous sommes face à une crise économique dont il est difficile de mesurer l'ampleur et les conséquences car les mesures sanitaires impactent les unités économiques contraintes à la fermeture ou *a minima* au ralentissement de leurs activités ; mais ces fermetures ont des conséquences qui dépassent l'économie formelle pour toucher toute l'économie et aussi se transformer en crise sociale. La difficulté de mesurer l'étendue de la crise vient du fait que le secteur informel est également touché, ce qui augmente la détresse sociale (en fonction de la fragilité de l'économie de chaque pays). C'est le cas au Maroc où le poids de l'économie informelle est très important[3]. Le gouvernement est dépassé par l'ampleur de la crise sociale qui s'ensuit.

L'objectif de notre étude est d'explorer ces interactions entre l'économie formelle et informelle. Nous allons d'abord mobiliser le modèle de Henderson qui s'inscrit dans le courant de l'éco-écologie féministe pour expliquer le lien macro-économique qui relie ces deux sphères de l'économie. Ensuite, nous ferons appel à la sociologie du travail, plus particulièrement au phénomène de bipolarisation de la catégorie des femmes actives pour expliciter ce lien entre économie formelle et informelle sous une approche de « genre ». En dernier lieu, nous présenterons les résultats d'une étude qualitative exploratoire effectuée auprès d'un panel de femmes actives qui, conséquence directe de la pandémie de la Covid-19, ont perdu leur emploi. Nous verrons comment ces femmes actives, appartenant à l'économie formelle, distribuent des salaires à d'autres femmes dans le cadre de l'économie informelle, en contrepartie d'une délégation partielle de leurs charges de travail domestique et familiale. Par conséquent, le licenciement économique de chaque femme engendre l'arrêt d'activité d'un tissu de femmes ouvrières précaires propageant ainsi la crise économique vers une détresse sociale.

---

[1]. Wali de la Banque centrale marocaine (BAM).

[2]. Source : Article de S. N. dans www.Media24.com publié le 22/09/2020 https://www.medias24.com/suivez-en-direct-abdellatif-jouahri-suite-au-dernier-conseil-de-bank-al-maghrib-13057.html

[3]. HCP, 2020, Note stratégique : Impact social et économique de la crise du Covid-19 au Maroc, HCP-Système des Nations unies au Maroc et Banque mondiale.

1. Activités formelles et activités informelles : deux composantes d'une même économie

La vision économiste traditionnelle, qui ne valorise et ne comptabilise que le travail ayant donné lieu à une transaction monétaire sur le marché, est aujourd'hui remise en question. Gibson et Graham (1996, *in* Sabourin et *al.*, 2004) soulignent la complexité du système économique réel en considérant que les théories « classiques » ne tiennent compte que de la partie émergente de l'iceberg qu'est le travail « visible ». Henderson (1982, 1988) a proposé un modèle (voir figure 1) qui lie travail visible et invisible en les considérant comme des strates du même système économique. Avec sa théorie du gâteau à trois étages, il considère que le système économique est composé de plusieurs couches en interaction et s'appuyant les unes sur les autres (Sabourin et *al.*, 2004).

La première couche du modèle d'Henderson est constituée des ressources naturelles ; ensuite, viennent les activités de l'économie sociale et coopérative qui les exploitent directement. L'auteur y inclut l'autoproduction de subsistance, les dons, les services rendus à la communauté, le travail domestique et le soin aux membres de la famille. La troisième couche est celle du secteur public. Elle comprend les actions et les prérogatives du gouvernement central ou local en tant que pourvoyeur d'infrastructures, de cadres législatif et sécuritaire des activités du privé. L'économie de marché monétaire dite officielle constitue la couche supérieure qui s'appuie sur les couches inférieures.

Figure 1 : **Modèle du « gâteau à étages » de Hazel Henderson (1982)**[4]

Nous retiendrons de ce modèle que le travail « invisible », dit hors marché, constitue un soutien à l'activité formelle, ce qui constitue une première explication observée du lien entre une crise sanitaire et ses conséquences économiques ainsi que la détresse sociale. Grâce à ce modèle, le lien entre les deux sphères est établi mais n'est pas explicité pour autant. Quels sont les mécanismes par lesquels la couche du travail invisible ou non rémunéré soutient l'activité formelle ? Quels sont les mécanismes par lesquels le ralentissement d'une activité économique formelle se répercute sur des individus qui n'en font pas partie (non-salariés) ?

Afin d'approfondir ce lien entre économie monétaire et économie non marchande, nous partirons de l'angle spécifique d'une catégorie de travailleurs, à savoir les femmes. Pourquoi et comment l'arrêt d'activité

[4]. Source : « Adaptation et traduction, Lise Moisan, Service aux collectivités, UQAM », 1997 ; dans *L'économie sociale du point de vue des femmes – Un guide de formation à l'intention des femmes*, 1998, Éditions Relais-Femmes, p. 54/248.

d'une femme (activité rémunérée) pourrait-il avoir des conséquences sur d'autres foyers ? Nous ferons appel à la sociologie du travail dont une large littérature traite des femmes en tant que catégorie de travailleurs à part entière. Nous allons expliquer comment ces travaux ont permis de sortir de « l'invisibilité » le travail des femmes avant de traiter de la bipolarisation de la catégorie femme en tant que travailleuse. Nous pourrons ainsi identifier le mécanisme social par lequel, à grande échelle, une crise dans l'économie formelle se transforme en une crise sociale comprenant, statistiquement parlant, des actifs et des non actifs.

2. Du travail invisible au travail libérateur des femmes

La question du travail invisible des femmes a commencé à mobiliser les débats féministes dès 1946 avec la critique acerbe d'Arthur Cécile Pigou (dans Toupin, 2001). Par la suite tout un courant de recherche s'est préoccupé de rendre le travail féminin visible et valorisable. S'ensuivra une réelle rupture dogmatique. La production de richesses, qui se limitait au travail rémunéré, inclura désormais la « production domestique » (Toupin, 2001). Concrètement, il s'agit des tâches accomplies gratuitement au sein du foyer, voire de la communauté (Toupin, 2001).

On a tendance à regrouper ces différents types de services et de travail gratuits rendus au sein de la famille, des communautés et de la société en général sous le concept du « care » ou du « maternage élargi », concept développé par Ginette Boyer et Lucie Bélanger (1990). Elles parlent de *maternage* lorsqu'il s'agit de l'exercice de la maternité dans son strict rapport aux enfants (la procréation et l'enfantement, les soins aux enfants - matériels et affectifs - l'éducation des enfants, l'ensemble des travaux domestiques afférents à ce travail). Le *maternage élargi* concerne, quant à lui, le soin des dépendants : le mari, les enfants handicapés, les parents âgés, les adultes malades, le bénévolat officiel – dans les organismes et institutions - et officieux - entre voisines, entre amies - » (p. 22). Le point commun entre ces différentes tâches renvoie à la question du genre : il s'agit de services assignés au rôle de la femme en tant qu'épouse, mère, fille, sœur supposées faisant partie de la « nature » des femmes ou de leur « vocation ».

La valorisation du travail féminin nécessitait la création d'instruments de mesure du travail non rémunéré des femmes, ce à quoi se sont attelés plusieurs chercheurs. Ceci fut couronné par l'organisation d'une conférence internationale sur la mesure et l'évaluation du travail non rémunéré qui s'est tenue à Ottawa en 1993, avant que le rapport mondial sur le développement humain ne s'en saisisse pour la première fois en 1995. On pouvait y lire : « Les hommes se taillent la part du lion en matière de revenu et de reconnaissance sociale au titre de leur contribution à l'activité économique, alors que le travail des femmes n'est généralement ni rémunéré ni reconnu ni valorisé » (PNUD, 1995, p. 94)[5].

Suite au constat de l'exploitation des femmes à travers le monde, les revendications féministes ainsi que les travaux de recherche se sont cristallisés autour de deux axes : l'accès des femmes au marché de l'emploi « rémunéré » dans une logique de recherche d'un travail et d'une rémunération supposée égale à celle des hommes. Derrière cette revendication, il y a la volonté d'émancipation des femmes par le travail. Ou à l'opposé, un courant considérant que la libération des femmes par le travail est un mythe en scandant : « Nous avons assez travaillé » (Dalla Costa, James, 1973, dans Toupin, 2001, p. 93-95), pour revendiquer une rémunération directe du travail de maternage sous forme d'allocations attribuées par l'État afin de réduire leur dépendance vis-à-vis des hommes au sein du foyer (Topin, *ibid.*). Il s'agit en réalité de répondre à la question sur le travail domestique. A-t-il une valeur d'échange ou bien d'usage[6] ? Loin de nous l'idée de trancher ce débat. L'objectif de notre recherche est d'étudier la question de la conciliation vie privée/vie professionnelle par les femmes. Notre étude va concerner des femmes ayant accédé au marché du travail. Nous nous situons ainsi dans le cadre du premier courant prônant la libération des femmes par le travail.

3. L'épineuse question de la conciliation entre vie privée et vie professionnelle

Les sociétés du monde entier semblent avoir pris acte de l'investissement de la femme dans le marché du travail du moment qu'on a commencé à parler de la nécessaire « conciliation entre vie privée et vie professionnelle ». Étymologiquement, la conciliation renvoie à la coexistence harmonieuse de deux opposés ; ainsi, techniquement, elle renverrait à la possibilité d'allier harmonieusement la vie privée et la vie professionnelle de tous les citoyens. Or, la recherche a montré que la pratique de la conciliation est exclusivement féminine, dans le sens où il s'agit en réalité de la conciliation des rôles féminins (Junter-Loiseau, 1999, p. 76). La question de la conciliation va de pair avec celle de la domination masculine, entre autres dans la sphère familiale où elle se manifeste dans le non-partage des tâches au sein du foyer. De plus, l'appropriation de ces rôles et des tâches qui lui sont associées par ces dernières consacre cette domination (Guillaumin, 1992), ce qui fait que la conciliation est devenue exclusivement une pratique féminine (Heinen et *al.*, 2009 ; Junter-Loiseau, *op. cit.*). Ainsi, toutes les catégories de travailleuses sont concernées par la contrainte d'assurer le rôle d'employé en

5. Ces constatations reposent sur l'examen de données provenant de 31 pays, tant industrialisés qu'en développement.

6. Pour aller plus loin sur ce débat, voir Toupin (*op. cit.*).

plus des tâches relatives à la reproduction, l'éducation des enfants, le soin aux membres de la famille, les tâches domestiques. D'après Junter-Loiseau (*ibid.*) toujours, loin d'être une révolution temporelle, la conciliation serait en fait une métaphore des discriminations que subissent les femmes sur le marché du travail et dans la sphère familiale.

La question de la conciliation se traite au niveau de la sphère familiale et du partage des responsabilités entre les hommes et les femmes pour dépasser les inégalités entre les sexes, qui règne dans cette sphère. Dans ce sens, la conciliation est réduite aux techniques et modalités d'organisation quotidienne des individus, notamment les femmes, pour assurer les différents rôles. La principale modalité étant le retrait total ou partiel du marché du travail pour les femmes avec tout ce que cela engendre comme conséquences négatives sur leurs plans de carrières et leurs conditions financières à court et long terme (Alonzo, Meron, 2001 ; Singly, 2013). Les études de l'INSEE, en France, montrent qu'en 2018, parmi les personnes salariées ou anciennement salariées, âgées de 25 à 49 ans, les femmes ayant des responsabilités familiales[7] sont moins souvent en emploi (76 %) que celles qui n'en ont pas (84 %). C'est l'inverse pour les hommes : 91 % des hommes avec responsabilités familiales sont en emploi, contre 82 % pour les autres (Bentoudja, Razafindranovona, 2020, p. 1). Au regard de ces conséquences discriminantes envers les femmes, la question de la conciliation s'impose dans les politiques publiques d'abord de l'emploi et ensuite du soutien aux familles.

En matière de politiques publiques d'aide à la famille, la recherche a répertorié les différents régimes d'aides aux familles en matière de garde d'enfants, de soins à la personne et de tâches ménagères soit directs sous forme d'allocations soit indirects (Nicole-Drancourt, 2009 ; Heinen et *al.*, 2009). Ainsi, l'investissement dans des structures d'accueil des enfants en bas âge, des personnes âgées ou malades ouvriraient pour les femmes les voies du marché du travail dans les mêmes conditions que leurs collègues hommes. Néanmoins, ces mesures ne peuvent être isolées des politiques de l'emploi. Ainsi, des mesures d'assouplissement des horaires du travail et d'égalité dans l'attribution des tâches seraient le revers des politiques familiales. Elles ont néanmoins été laissées au bon vouloir des employeurs en tant qu'initiatives individuelles pour « arranger » les employées femmes au lieu de hisser les responsabilités familiales au rang de droits individuels opposables à la mission d'employé dans une organisation (Junter-Loiseau, *op. cit.*).

---

[7]. Dans cette étude, cela concerne concrètement celles qui vivent avec ou s'occupent régulièrement d'un ou plusieurs enfants de moins de 15 ans.

En somme, la conciliation vie privée/vie professionnelle est une source de tensions supplémentaires pour les femmes qui travaillent, ce qui remet en question le concept du travail libérateur de la femme. Et conduit les courants féministes à rejeter ce concept, à l'instar de Simone de Beauvoir qui, déjà en 1949, déclarait : « Je déteste ce mot, j'ai horreur de la conciliation, je ne veux pas concilier » (dans Junter-Loiseau, *op. cit.*, p. 95). On en appelle à le remplacer par coordination vie privée/vie professionnelle et à en faire un combat pour tous les travailleurs et travailleuses afin d'arracher les mêmes droits aux employeurs. Il est ainsi question d'adopter une nouvelle vision de la société dans laquelle le travail formel pour autrui respecterait les responsabilités familiales et du foyer qui seraient partagées entre les deux sexes (Junter-Loiseau, 1999). Mais cela va de pair avec un débat de société entre une vision conservatrice dite familialiste, pour qui la conciliation est une question purement féminine à laquelle sont assujetties les femmes, et une vision féministe qui prône le partage des rôles au sein du foyer et l'abolition des rôles de genre.

4. Conciliation : toutes les femmes ne sont pas logées à la même enseigne

Selon la même étude de l'INSEE, à propos de l'accès des femmes au marché de l'emploi et ses conditions, l'écart entre hommes et femmes se creuse dans la catégorie socio-professionnelle des ouvrières ayant des responsabilités familiales chez qui le chômage est plus important avec 46 %. Ainsi, les femmes ne souffrent pas de la domination masculine dans la sphère familiale de manière égale. Cette différence s'explique par la catégorie socioprofessionnelle qui est intimement liée au niveau de formation. On assiste à un réel clivage à l'intérieur du groupe des travailleuses, induit par l'accroissement de l'écart de certification entre les femmes, ce qui se traduit dans les recherches en sociologie du travail par « la bipolarisation de l'emploi féminin » (Alonzo et *al.*, 2005). En d'autres termes, la démocratisation de l'accès à l'enseignement a permis à des femmes de prétendre à des postes de responsabilité (qui vont de pair avec une meilleure rémunération et une valorisation sociale). Néanmoins, les sociétés dites modernes n'ont pas connu une régression de la discrimination envers les femmes malgré l'accroissement de leurs responsabilités professionnelles, le maintien de ces dernières dans ce type de poste nécessite alors la délégation de leur travail invisible à d'autres femmes moins diplômées (Maruani, 2000). Du point de vue de la sociologie du travail, les femmes ne constituent plus une catégorie spécifique mais il y a lieu de distinguer deux pôles hétérogènes : d'un côté, les femmes qualifiées occupant les postes de responsabilité ; de l'autre, les femmes peu qualifiées s'occupant des tâches d'exécution. D'autant plus que les secteurs des services et du soin sont très féminisés[8] avec des conditions d'accès au travail qui favorisent la précarité : travail à mi-temps, horaires atypiques[9], etc. Cette deuxième catégorie, bon marché et précaire, voire travaillant dans le secteur informel, serait nécessaire au maintien de l'activité de la catégorie de femme « supérieure ». Devetter et Rousseau (2011) parlent de division extra-familiale du travail entre ces deux catégories de femmes par le biais de l'externalisation : le recours à une femme de ménage, à une nounou, etc., qui permet à une catégorie de femmes actives de contourner la question de la répartition des tâches au sein du foyer et de la domination masculine en général.

5. La femme active marocaine sujette à une triple discrimination

Le marché du travail marocain se caractérise par une faible inclusion des femmes en comparaison avec les pays du même niveau économique : un taux d'activité féminin de 23,6 % – contre 70,8 pour les hommes – qui est en dessous de la moyenne mondiale et de la moyenne MENA[10]. Les femmes sont ainsi victimes d'une discrimination verticale issue de la mentalité régnant dans les pays du monde arabe qui ne donne pas la priorité au travail de la femme par rapport à celui de l'homme (Hassouni, 2015). Le marché du travail se caractérise, en général, par la prépondérance du caractère informel des emplois[11] : en 2015, près de 80 % des actifs occupés exerçaient un emploi informel. L'informalité touche plus fortement la population peu qualifiée. Plus de 92 % des travailleurs sans éducation étaient informels en 2015 contre 26,1 % des diplômés du supérieur[12]. De plus, le marché du travail marocain a du mal à absorber les jeunes (entre 15 et 24 ans) qui représentent 94 % des emplois informels occupés, le secteur privé étant le principal pourvoyeur de ces emplois informels et peu qualifiés (à hauteur de 86 % du total des emplois). En regardant de plus près la nature de ces emplois, on constate qu'il s'agit principalement des aides familiales, apprentis et indépendants (qui cumulent 22 % des actifs occupés). Cette

[8]. Voir l'étude comparative d'Araujo Guimarães et *al.* (2014) entre la France, le Japon et le Brésil, qui confirme que les métiers du care aux personnes âgées sont majoritairement occupés par des femmes ; des travaux sur le Maghreb aboutissent au même résultat, voir notamment les actes du colloque « Marché du travail et genre dans les pays du Maghreb : quels marchés du travail ? », qui s'est tenu au Maroc en 2006, sous la direction de Danièle Meulders (*Travail Genre et Sociétés*, n° 11).

[9]. Voir l'étude de Devetter (2012) à propos des conditions de travail des professionnelles de la petite enfance, emploi également hautement féminisé.

[10]. Source : HCP, 2017, Marché du travail au Maroc : défis et opportunités.

[11]. L'OIT définit l'emploi informel comme les formes d'emploi qui ne sont pas soumises à la législation nationale sur le travail et au paiement de l'impôt, ni ne donnent droit à une protection sociale ou à d'autres avantages liés à l'emploi (délai de notification d'un licenciement, indemnité de licenciement, congés payés ou congé maladie, etc.).

[12] Source : HCP, 2017, Marché du travail au Maroc : défis et opportunités, p. 16.

précarité touche particulièrement les femmes qui occupent principalement les emplois d'aide familiale. Ainsi, près de 49 % des femmes occupées étaient des aides familiales en 2015. En général, les femmes dans la région MENA sont surreprésentées dans les deux catégories les plus vulnérables de l'emploi informel : les travailleurs agricoles et les travailleurs domestiques (60 % des travailleurs domestiques sont des femmes)[13]. Il s'agit d'une discrimination horizontale dans le sens où elles sont présentes majoritairement dans des secteurs qui emploient une main-d'œuvre jeune et peu qualifiée et, donc, avec une faible rémunération.

Enfin, les femmes subissent la discrimination négative au niveau des salaires pratiqués quel que soit le secteur. Selon le Forum économique mondial qui tient les statistiques du ratio revenus des femmes/revenus des hommes, le Maroc occupe la 123e place sur 134 pays[14]. En somme, bien que les hommes soient aussi touchés par l'informalité de l'emploi, les femmes sont moins bien loties encore que ces derniers, car elles occupent des emplois mal payés dans des secteurs peu rémunérateurs et gagnent donc moins d'argent que les hommes. D'après Soudi (2003), la source principale de cet écart n'est autre que les considérations de genre, ce qui en fait un écart structurel en défaveur des femmes. L'enquête réalisée par Jalal (2011) révèle que cet écart est moins important dans le secteur public par rapport au secteur privé ; reste que, dans ce secteur, le salaire moyen mensuel des femmes est inférieur de 19 % à celui des hommes.

Cette discrimination trouve son origine dans la perception du salaire des femmes comme un salaire d'appoint par les employeurs, ce qui les pousse à les orienter vers et à les maintenir dans des emplois en bas de l'échelle des salaires (Chicha, 2013). En définitive, les hommes souffrent autant que les femmes de l'informalité du marché de l'emploi et de la non-inclusion des jeunes. Néanmoins, en cumulant les trois discriminations (verticale, horizontale et de salaire), les femmes souffrent davantage du chômage, occupent pour la majorité un emploi informel sous-qualifié et sous-payé, ce qui les maintient dans une précarité structurelle.

6. Le cumul des rôles : le prix payé par la femme marocaine pour accéder à l'autonomie

La région MENA connaît le second écart entre les sexes le plus important au monde dans le domaine du travail domestique et de soins non rémunéré (*ibid.*). Selon une étude des Nations unies, les normes sociales de la région MENA donneraient aux hommes un accès privilégié au marché du travail

---

[13] Rapport OCDE : Covid-19 dans la Région MENA : Impact sur les inégalités de genre et réponses apportées en soutien aux femmes. www.ocde.org/coronavirus.

[14] Source : Haussman, Tyson et Zahidi, 2012, Tableau D3, p. 45.

lorsque les opportunités de travail sont limitées[15]. Selon cette même étude, 72 % des hommes marocains considèrent que le premier rôle des femmes est de s'occuper du foyer. De plus, cette fonction est parfaitement intériorisée par les femmes qui partagent cet avis à hauteur de 46 % (selon la même étude). Les normes sociales en question insistent également sur le rôle de soin aux enfants comme priorité pour les femmes également, avec 67 % de la population MENA, considérant que lorsqu'une femme travaille pour un salaire, les enfants en pâtissent[16].

Les études sociologiques n'ont pas manqué de souligner la persistance de ces stéréotypes de genre au Maroc et leur rôle dans la structuration de l'environnement social marocain (Bakaas, Mellakh, 2013). Ces stéréotypes véhiculent une image dévalorisante de la femme et « expliquent les difficultés que les femmes rencontrent dans l'exercice de leur profession et la difficulté des choix qu'elles ont à faire entre leur vie personnelle qui se traduit en réalité en dévouement à la famille, dévouement que la société les contraint à considérer comme prioritaire par rapport à leur vie professionnelle » (Hassouni, 2015, p. 59-61). La question de la coordination entre vie privée et vie professionnelle est vite éludée avec une priorité accordée aux rôles de mère, d'épouse, de maîtresse d'un foyer et de fille. À la moindre tension avec le rôle de salarié, la tendance chez les femmes marocaines est à l'abandon du travail pour se dévouer aux autres. Le statut de femme mariée soumet la femme travailleuse à une double dévalorisation : faible estime de ses compétences maternelles et de maîtresse de maison toujours soupçonnée de manquer d'engagement envers son foyer (Rhalimi, 2018). Sachant que même si les femmes participent désormais au budget du foyer, aucun changement au niveau du partage des tâches entre les conjoints n'est envisagé ; que cette résistance au changement est même partagée autant par les hommes que par les femmes (Rhalimi, 2018). Ce qui se traduit dans les résultats de l'enquête sur le budget-temps de l'HCP, publiée en 2011, par le fait que les femmes consacrent en moyenne sept fois plus de temps que les hommes aux activités domestiques et quatre fois moins de temps aux activités professionnelles. Plus précisément, 95 % des Marocaines actives consacrent cinq heures par jour aux activités domestiques, dont 4 h 33 min par jour aux tâches purement ménagères et 27 minutes aux autres activités semblables alors que chez 45 % des hommes, ce temps ne dépasse pas 43 minutes, et 11 minutes pour 13 % d'entre eux.

Néanmoins, « chez les femmes qui occupent des positions professionnelles prestigieuses, la tendance à abandonner le travail est moins marquée même

---

[15]. Source: Rapport UN Women, 2017, Understanding masculinities, results from the International Men and Gender Equality Study in the Middle East and North Africa. www.unwomen.org

[16]. *Ibid.*

si la négociation est souvent quotidienne avec le mari. En fait, ces femmes préfèrent parfois prendre totalement en charge la sphère domestique et ne pas remettre en cause l'autorité maritale, réelle ou imaginaire » (Naciri, 2001). Ainsi, les femmes marocaines optent pour le choix de cumuler les charges plutôt que de s'auto-exclure du marché du travail. Ceci est d'autant plus vrai lorsqu'il s'agit d'un emploi prestigieux comme celui de professeure universitaire (Sabri, 2017), d'experte-comptable (Hassouni, 2015) ou de cadre d'une entreprise privée (Rhalimi, 2018). En l'absence de soutien des maris, ce cumul se fait aux dépens de l'engagement professionnel, ce qui impacte négativement la carrière de ces femmes. Il se fait également aux dépens du temps de loisir et parfois même de sommeil avec des journées plus longues pour les femmes avec ce que cela engendre comme conséquences sur la santé physique voire mentale de ces femmes[17].

Ces femmes « privilégiées », en occupant des postes de responsabilité doivent ce privilège à la politique publique en matière d'accès égalitaire à l'éducation. Toutefois, ces politiques publiques sont insuffisantes, voire inexistantes en matière de soutien à l'emploi des femmes, en ce qui concerne l'offre de crèches, de modes de gardes, etc. Ainsi, les femmes ont recours à un personnel domestique ou à l'aide d'un membre de la famille élargie, généralement les parents du couple parfois même les deux options à la fois pour les décharger d'une partie de leurs responsabilités domestiques et/ou de soins. Rhalimi (2018) a étudié un panel de femmes cadres dans des entreprises privées pour qui l'engagement professionnel implique une forte pression du travail au bureau et nécessite parfois de rapporter des dossiers à finaliser chez soi. Il signale néanmoins que c'est surtout l'arrivée des enfants qui crée la tension dans l'articulation entre vie privée et vie professionnelle. Certaines femmes ont fait preuve d'un grand sens de l'organisation pour gérer le quotidien et les situations d'urgence. Ces efforts restent insuffisants devant l'ampleur de la charge horaire nécessaire, elles ont développé la stratégie de renoncer à leurs congés annuels, voire à une partie des congés maternité afin de « se racheter » vis-à-vis de leurs hiérarchies pour leur « indisponibilité ».

La sociologie marocaine s'est penchée exclusivement sur le travail de femmes « bourgeoises » (Rodary, 2007). Les études se sont focalisées sur le travail salarié nécessitant un diplôme : les institutrices, professeures universitaires, cadres de l'administration publique, etc. L'articulation des temps sociaux des femmes « populaires » exerçant des activités artisanales/traditionnelles est peu étudiée. Or depuis toujours, c'est cette catégorie de femmes qui a participé à l'économie marocaine même avant l'apparition du secteur moderne avec le protectorat français. Il s'agit du

[17]. Signalés dans plusieurs études dans des pays occidentaux, voir la revue de littérature de Rhalimi (2018).

travail domestique, des métiers de tissage, de la vannerie ou, encore, des accoucheuses et autres guérisseuses, etc. Sans oublier le cas des femmes dans le milieu rural qui héritent de la corvée du bois, des travaux dans les champs, de l'élevage, etc. Cette catégorie de femmes a toujours eu le droit de travailler, mais c'est de l'accès aux bénéfices de leur travail dont elles ont été privées (Rodary, 2007b). Sans parler du travail invisible accompli pour les membres de la famille, que ce soit dans les villes ou les campagnes marocaines.

Cette revue de littérature des études sociologiques sur les temps sociaux des femmes va dans le sens de notre hypothèse principale reliant le travail des femmes aux différentes couches du système économique proposé par Henderson. Du point de vue microéconomique, chaque femme marocaine qui travaille a en même temps la charge du travail salarié (formel et informel) qu'elle occupe en plus du travail invisible regroupé dans les activités du soin *care* dont elle a seule la charge. Les femmes cumulent donc ces deux rôles chronophages. Parmi elles, les femmes occupant des postes à revenus moyens ou supérieurs font appel à du personnel domestique et/ou à des membres de la famille pour les décharger de certaines tâches. Dans la majorité des cas, le personnel domestique est constitué de femmes à faible qualification, travaillant de manière informelle. Les membres de la famille contribuent sous forme de travail invisible non rémunéré ou peu de manière informelle. La généralisation de ce comportement au niveau individuel, nous permet d'illustrer, du point de vue théorique, notre hypothèse selon laquelle le travail des femmes marocaines permet, au niveau macro-économique, de relier le secteur formel au secteur informel et au travail informel qui s'y rattache. Il s'agit donc d'une illustration parmi d'autres du lien entre la 2e couche et la couche supérieure du modèle de l'éco-écologique d'Henderson. Nous allons maintenant présenter les résultats d'une étude sur le terrain qui vise à illustrer empiriquement cette hypothèse, sachant que la description de la méthodologie de recherche exploratoire mobilisée figure dans l'encadré n° 1.

Encadré n° 1 : **Méthodologie de la recherche**[18]

Objectif : exploratoire

Posture : interprétativiste

Méthode de recherche :

Un panel de 10 femmes salariées dans le secteur du tourisme (2 cadres supérieurs avec des salaires supérieurs à 15 000 dh ; 2 cadres avec des salaires entre 8 000 et 15 000 ; 4 agents avec des salaires entre 3 000 et 8 000 dh ; 2 femmes de ménage (moins de 3 000 dh). L'ensemble de ces femmes vivent dans des foyers avec d'autres membres de leur famille : 2 célibataires vivant chez leurs parents avec leurs frères et sœurs ; 2 mariées sans enfant ; 1 divorcée vivant chez ses parents avec un frère et ses enfants ; 5 vivant avec leur mari et leurs enfants. L'ensemble des interviewées travaillent dans des agences de voyages et/ou de transport touristique et sont résidentes du Grand Casablanca. À cause de la fermeture des frontières, suite au confinement de l'ensemble du territoire marocain à partir du 15 mars, leurs employeurs ont cessé toute activité. Certains ont payé 50 % du salaire du mois de mars uniquement. Tandis que d'autres ont continué à verser 50 % du salaire de leurs employés durant la période du confinement. Sans oublier que l'ensemble des employés du secteur déclaré à la CNSS ont perçu 2 000 dh/mois durant les trois mois du confinement. Les employés travaillant de manière informelle n'en ont donc pas bénéficié et certains[19] ont reçu à la place une aide exceptionnelle de l'État dont le montant était proportionnel au nombre des membres dans chaque foyer.

Collecte de données :

Entretiens semi-directifs par téléphone dont les thèmes sont autour de la conciliation entre les différents rôles sociaux joués par l'interviewée : salariée, maîtresse de maison, aide-soignante, mère. La collecte a eu lieu durant les mois de juin et juillet 2020.

Analyse et présentation des résultats :

Nous avons procédé au codage manuel des *verbatims* à partir de la retranscription et des prises de notes pendant le déroulement des interviews. L'analyse a porté sur les modalités de conciliation et surtout sur les rôles joués par d'autres femmes dans cette conciliation ainsi que leur statut. Ensuite, l'analyse a porté sur le système des valeurs qui soutient cette conciliation et régule les liens entre les différentes personnes évoquées par les interviewées. Enfin, les modalités décrites par chaque femme ont été croisées avec son profil socio-professionnel (âge, niveau de salaire, statut en tant que salarié (cadre ou autre), situation familiale).

---

[18]. L'auteur tient à remercier vivement Mme S. CHANA d'avoir rendu l'accès au terrain possible en mobilisant son réseau social au sein des entreprises du secteur du tourisme à Casablanca et leurs employés.

[19]. Les critères d'attribution de cette aide exceptionnelle ont été assez flous et nombre de foyers pourtant sans source de revenu pendant le confinement n'en ont pas bénéficié.

7. La sous-traitance se conjugue au féminin à tous les niveaux de la société

L'ensemble des femmes qui ont participé à notre étude avaient pour point commun d'être actives. Le deuxième point en commun est que pour assurer leurs engagements professionnels, toutes, sans exception, délèguent en tout ou en partie les tâches ménagères, la garde des enfants et les soins aux personnes âgées (le cas échéant). Cette délégation s'opère de manière formelle ou informelle, contre rémunération formelle ou « cachée » en fonction des conditions familiales de chacune.

- Femmes célibataires : nous déplorons ici la non-diversité de notre panel par rapport au critère de résidence dans ou en dehors du foyer parental. En effet, l'ensemble des femmes célibataires (jeunes filles) vivent au foyer parental, avec parents, frères et sœurs. Ces jeunes filles bénéficient du soutien de leurs mères qui, en vue de leur donner l'occasion de poursuivre des études, puis de s'affirmer dans le monde professionnel, prennent en charge l'ensemble des tâches ménagères relatives au foyer : cuisine, ménage, courses, linge, etc. Les filles issues de foyers de la classe moyenne, voire de la classe moyenne supérieure, rétribuent ce travail invisible de leurs mères sous forme d'argent de poche ou de cadeaux de valeur achetés régulièrement à la maman pour se faire plaisir (même si ces dernières travaillent). Le capital social, financier et culturel ayant joué son rôle, cette catégorie de femmes occupe des postes de cadres bien payés. Ainsi, ce « cadeau » pour la maman ne représente pas un budget important par rapport à leur niveau de salaire. Tandis que celles issues de familles moins bien loties participent jusqu'à hauteur de 50 % de leurs salaires au budget de fonctionnement de la famille, soit en se chargeant des courses ou encore en prenant entièrement en charge la scolarité d'un ou deux frères et sœurs, l'idée étant de payer indirectement le travail invisible de la mère. Sauf que l'ascenseur social dans le cas de ces filles ne remplit pas entièrement sa fonction. Par conséquent, elles occupent des postes moins bien payés, ce qui rend le montant alloué au « foyer » pesant pour elles.
- Les femmes mariées se retrouvent, quant à elles, devant l'obligation d'assurer elles-mêmes la responsabilité du foyer car il est socialement condamnable qu'un mari dépende de sa belle-mère. Les femmes qui travaillent endossent la charge mentale de gérer les repas, le ménage, le linge, etc., vis-à-vis du mari. Elles-mêmes se déchargent sur d'autres femmes : femme de ménage pour les tâches ménagères, voisine « entrepreneuse » pour la préparation du pain et des plats faits maison, etc. La responsabilité du mari se limite au volet financier et dans certains cas à une répartition traditionnelle des tâches entre l'extérieur (représentant les courses pour les hommes) et l'intérieur (l'ensemble des tâches à l'intérieur du foyer pour les femmes). Les femmes qui maintiennent une activité le font soit par besoin d'estime de soi en

poursuivant une carrière propre et surtout pour une motivation d'indépendance ; soit par besoin financier car le mari ne peut assurer seul un bon niveau de vie pour le foyer. Dans les deux cas, la « compensation » imaginaire de l'absence du foyer se fera en endossant seule la charge mentale et physique de la gestion du foyer sans exiger une meilleure redistribution des tâches de la part du mari. Ce schéma est partagé entre les foyers des différentes catégories sociales. Certaines familles font appel à une femme de ménage couchant à la semaine, payée entre 2 000 et 4 000 dh/mois ; d'autres, avec moins de moyens, font appel à une femme de ménage un jour par semaine pour le grand ménage. Le point en commun étant que la tenue du foyer repose sur la femme et que c'est à elle de payer une autre femme pour « se faire aider » dans l'engagement de ses responsabilités. C'est le cas dans un foyer composé de deux filles et de leurs parents qui résident dans un quartier populaire de Casablanca. Ledit père de famille est coursier dans une société privée, la mère est femme de ménage dans une société privée alors que la fille aînée est agent commercial dans une agence de transport touristique. Dans ce foyer, l'ensemble des tâches ménagères reposent sur la mère qui, elle-même, se décharge sur une femme de ménage une fois par semaine pour le grand ménage. Durant la semaine, en plus du ménage, du rangement et de la vaisselle, la mère s'occupe de la préparation des 4 repas qui seront consommés à l'extérieur (au travail par le mari, elle-même et la fille aînée et à l'école, par la plus jeune). La fille aînée, que nous avons interviewée, nous a rapporté que la femme de ménage, à qui « sa mère fait appel » de manière hebdomadaire, a un bébé qu'elle-même fait garder par une voisine d'un certain âge contre rémunération.

– Femmes mariées et mères : l'arrivée des enfants ne change rien à la non-distribution des tâches au sein du foyer et ne fait donc qu'augmenter les responsabilités et la charge de la femme qui, en plus de la tâche de maîtresse de maison, endossera celle de l'éducation et des soins des enfants et même de leur scolarisation (aide aux devoirs). La croyance selon laquelle une mère qui travaille le fait aux dépens du bien-être de ses enfants va constituer un argument pour remettre en question le statut de femme active dans bon nombre de foyers. Ainsi, cet « abandon » imaginé des enfants constitue l'argument qui pousse les femmes à endosser cette charge supplémentaire sans remettre en question la domination masculine. En quelque sorte, elles assument cette charge pour continuer à avoir le droit de travailler. Le niveau de dépendance du foyer par rapport au salaire de la femme est un argument majeur. Cela joue en sa faveur dans les foyers où les revenus du mari ne permettent pas de maintenir le même niveau de vie. La nature du poste occupé (à responsabilité ou pas) ne pèse dans la balance que quand il est couplé à cette dépendance financière du foyer à l'égard du salaire de la femme, autrement le « droit de travailler » est suspendu au bon vouloir du mari. Le fait que l'argument financier pèse autant en faveur des femmes cadres qu'« ouvrières » prouve que la dépendance financière est le premier moteur de la libération des femmes de la domination masculine et non l'accès aux études car il suffit que le mari soit riche pour que le travail de sa conjointe soit remis en question pour donner la priorité au rôle de mère et/ou de femme au foyer. Par ailleurs, la garde des enfants se fait de manière formelle auprès des crèches et écoles privées lorsque les horaires de travail de la femme le lui permettent. Autrement, elle s'appuie soit sur la femme de ménage couchante ; soit sur des femmes de l'entourage familial proche : sa mère, sa belle-mère ou autre proches parente (tante, cousine, etc.). Ces dernières sont indirectement rétribuées pour cette tâche sous forme de cadeaux à l'occasion des grandes fêtes traditionnelles et/ou d'aide pour les soins médicaux ou autres. Lorsque la situation du foyer de cette femme est critique, la rétribution se fait directement sous forme de courses ménagères, d'autres achats ou le remboursement de frais divers.

- Femme divorcée : une seule femme dans notre panel était divorcée. Elle est mère d'un enfant de six ans dont elle a la garde exclusive. Elle occupe le poste de cadre commercial payée à plus de 12 000 dh/mois. Elle est propriétaire d'un appartement mais ne s'y rend qu'en week-end. Courant la semaine, elle réside dans le foyer parental composé de ses parents âgés, d'un frère ouvrier, père de deux enfants dont l'épouse est femme au foyer. Étant investie dans son travail et ayant des horaires plus prenants, elle délègue un certain nombre de tâches aux autres femmes du foyer : les tâches ménagères et la cuisine à sa mère. Celle-ci s'occupe de l'accueil de sa fille à son retour de l'école. En contrepartie, elle prend en charge une grande partie des dépenses alimentaires du foyer (y compris pour le frère et sa famille). Les femmes en question sont rétribuées pour ces tâches sous forme d'argent de poche et de cadeaux pour elles ou leurs enfants. D'ailleurs, elle prend en charge une partie des dépenses vestimentaires et des fournitures scolaires de ses neveux par solidarité avec le frère.

À tous les étages de la société, les femmes mariées sont tenues d'assurer, en parallèle au rôle de travailleuse, celui de maîtresse de maison et de maman. Afin d'assurer leurs obligations professionnelles, elles se déchargent de certaines tâches sur d'autres femmes. Ces dernières étant de leur entourage familial propre ou de celui de leur mari (mère, tante, sœur, cousine, etc.) ou encore des travailleuses domestiques embauchées occasionnellement ou quotidiennement au noir ou avec des contrats précaires. Concernant la préparation des repas, c'est toujours auprès d'autres femmes qu'elles se procurent des aliments faits maison contre une rémunération (activité 100 % informelle). Ces femmes au foyer que nous décrivons en tant que « femmes au foyer entrepreneuses » qui préparent le pain ou autres repas chez elles, ainsi que les travailleuses domestiques, étant soumises à leur tour aux mêmes obligations de rôle se déchargent sur d'autres femmes pour la garde de leurs enfants, le ménage, etc. Quand ce ne sont pas des membres de la famille proche ou éloignée, leurs « prestataires de services » semblent être des femmes, dites au foyer, qui, en parallèle avec leur propre rôle de mère et de maîtresse de maison, s'arrangent pour avoir une activité informelle rémunérée à l'échelle du quartier. En somme, du moins dans le cas des femmes mariées (et mamans éventuellement), le recours au travail invisible d'autres femmes, qu'il soit rémunéré ou gratuit, formel ou informel, est une condition *sine qua non* à la poursuite de leurs activités salariales. Par conséquent, nous soutenons l'hypothèse selon laquelle le travail invisible féminin (rémunéré ou pas) est une variable importante à l'échelle macroéconomique qui accompagne l'accès des femmes au marché de l'emploi et constitue une explication, entre autres, du lien entre la couche du secteur formel et le secteur informel dans l'économie marocaine.

8. Le confinement : effet de domino provoquant une crise socio-économique

Une étude du HCP[20], réalisée pendant le confinement sur l'impact de la crise de la Covid-19 sur les foyers marocains, a montré une augmentation du temps de travail domestique chez les femmes : six fois plus de temps au travail domestique que les hommes pendant la période de confinement, soit 33 minutes de plus par rapport à une journée normale avant le confinement. En revanche, la même étude a révélé que le temps alloué au travail domestique par les hommes a également augmenté pour atteindre en tout 45 minutes par jour, sachant que le confinement a été l'occasion pour 19,3 % des hommes marocains d'y prendre part pour la première fois. D'après notre étude exploratoire, l'explication résiderait dans le fait que les hommes « se sont essayés » à la cuisine et aux tâches ménagères par ennui et/ou par plaisir d'exercer une activité à l'intérieur de la maison, vu que le confinement les avait coupés de toutes leurs activités de loisir essentiellement externes.

En ce qui concerne les femmes, l'explication réside dans le fait d'assurer elles-mêmes l'ensemble des tâches, y compris celles qu'elles déléguaient avant le confinement. Pendant les trois mois de confinement strict, la motivation première d'arrêt de recours aux femmes prestatrices[21] de service est la « peur du virus ». La peur de la contamination par le virus étant à son apogée au début de la pandémie, l'ensemble des foyers marocains se sont isolés de l'extérieur (personne n'entre, les courses sont limitées au strict indispensable et désinfectées systématiquement). Pendant cette période, un

20. Les données sont tirées de l'étude suivante : HCP, 2020, Rapports sociaux dans le contexte de la pandémie Covid-19 – 2e panel sur l'impact du Coronavirus sur la situation économique, sociale et psychologique des ménages.

21. Nous utilisons expressément la forme féminine du terme « prestataire » car il s'agit exclusivement de femmes alors que la littérature de gestion n'utilise que la forme masculine de ce terme.

certain nombre de foyers ont distribué des aides financières à leur personnel par solidarité, d'autant plus que le mois de ramadan est tombé pendant cette période. Ainsi, la solidarité intraclasses sociales a permis d'amortir les effets de la crise économique due à l'arrêt de distribution des salaires et du recours à l'achat de prestation des femmes entrepreneuses au foyer. De plus, la nature de l'activité touristique tournée vers le marché étranger a fait que pendant les mois de février et mars, une partie des opérateurs dans le secteur avait encaissé les avances sur le chiffre d'affaires des mois de septembre, octobre, novembre et décembre. Étant optimistes sur la situation sanitaire qui ne dépasserait pas la saison estivale, ils ont continué à verser une partie voire la totalité des salaires, notamment les cadres commerciaux et administratifs. Une autre partie des opérateurs qui travaillent avec le marché européen et interne, pour qui la saison estivale est déterminante, ont dû faire face à une vague de remboursements pour les clients particuliers et de non-paiement de leurs clients professionnels. Par conséquent, durant la période de confinement, le secteur touristique a été à moitié ébranlé par la crise sanitaire. À l'échelle individuelle, certains salariés ont maintenu un niveau de vie plus ou moins égal à la période d'avant le confinement et d'autres non. Encore une fois, la valeur de solidarité, cette fois-ci intrasectorielle, a fait que les collègues, plutôt anciens collègues, ont prêté de l'argent à des collègues touchés de plein fouet par le chômage (non rémunéré). Ce qui a également participé à l'amortissement de la crise économique en constituant en cela un autre filet social.

Les trois mois du confinement strict, la poursuite de la pandémie et la fermeture des frontières au niveau mondial ont plongé le secteur touristique dans un scénario noir ne laissant aucune visibilité pour les patrons des agences, toutes activités confondues. Ceci s'est traduit par des licenciements massifs et un chômage partiel pour certains cadres (accompagné par le maintien de 50 % du salaire initial hors primes). Le manque de visibilité des patrons s'est transformé en une réelle insécurité financière chez les salariés du secteur et a freiné toute éventualité de solidarité sociale. Concrètement, les femmes ont renoncé à bon nombre de dépenses liées à des « frais de présentabilité au travail » : esthéticienne, salon de coiffure, achat de vêtements, de produits cosmétiques, etc. Ce changement des habitudes de consommation vers une non-consommation a eu un impact sur des activités formelles. Ce que nous mettons en valeur comme intensificateur de la crise économique est que les femmes ont définitivement arrêté les relations avec les prestatrices externes et les aides ménagères sans perspective de reprise en stoppant les aides par solidarité. En parallèle, l'État marocain a arrêté la distribution des aides sociales aux foyers démunis. D'après notre étude, certains foyers démunis ont vécu plus de précarité après la fin du confinement que pendant celui-ci car les aides étatiques et informelles se sont arrêtées simultanément. De plus, ce ne sont pas seulement les personnes actives qui ont été mises au chômage. Notre étude attire l'attention sur la mise au chômage effectif des femmes opérant dans l'informel qui statistiquement ne sont pas comptabilisées dans la catégorie des femmes actives. De plus, les femmes au chômage ont également arrêté de distribuer des cadeaux et autres aides en nature aux membres de leur famille élargie. En d'autres termes, même si le chef de famille était actif, certains foyers comptaient sur des compléments de salaire en nature pour vivre décemment. Suite à cet effet de domino social, ces foyers sont touchés par la précarité alors même que la situation du chef de foyer n'a pas changé.

Cette situation s'aggrave lorsque des institutions financières entrent indirectement en jeu dans cet effet de domino. Dans notre étude, certaines femmes ont indiqué avoir contracté des crédits bancaires, notamment immobiliers pour accéder à une résidence principale. Logiquement, l'équilibre financier du foyer se retrouve en péril directement si elle est touchée par le chômage. D'après toujours notre étude, dans certains foyers, l'équilibre financier du foyer est rompu alors même que la personne continue à recevoir son salaire, vu qu'il reposait sur le travail informel de l'un de ses membres (notamment garde d'enfant ou aide ménagère informelles). Or les banques, dans les procédures des échelonnements du paiement des crédits, ne tiennent compte que de la situation formelle reflétée par l'attestation de salaire. Ainsi, une femme nous expliquait que son père paye un crédit pour la voiture familiale qu'il n'est plus capable d'honorer, vu qu'il prend entièrement en charge son foyer, auparavant financé par le salaire de sa fille travaillant dans le secteur touristique et désormais au chômage ainsi que les charges du foyer de son fils, père de deux enfants qui, lui aussi, travaillait dans le secteur touristique et qui est lui aussi au chômage.

9. Les valeurs sociales comme moteur de cette dynamique socio-économique

Les études précitées reflètent la culture dominante qui soutient la domination masculine en attribuant les tâches ménagères de garde des enfants exclusivement aux femmes. Cette attribution de rôles imaginée constitue le ciment qui renforce le lien entre ces deux secteurs en ce qui concerne le travail des femmes. La femme qui travaille est censée ressentir une culpabilité car sa présence sur son lieu de travail est présumée être un abandon de son foyer et surtout de ses enfants, quel que soit leur âge. Ces idées ont certes commencé à reculer avec le travail des femmes, mais notre étude révèle que la femme moderne, en quête d'émancipation, est tenue d'assurer un travail salarial irréprochable (sous menace de licenciement) et d'être une maîtresse de maison « qadda[22] ». Cet adjectif renvoie à une

[22]. Ce mot est tiré de la racine arabe lié à la capacité. Ainsi, la traduction littérale de *qadda* est « capable ».

capacité de faire face sur plusieurs fronts à la perfection. Il s'agit d'être irréprochable dans son travail (y compris, par exemple, le fait d'avoir un bureau organisé, bien rangé, bien décoré, etc.) ; de même pour une maison tenue à la perfection (toujours bien rangée, décorée avec goût, linge plié et parfaitement rangé, etc.) ; être l'épouse parfaite (tout préparer pour son mari : son sac de sport, ses chemises et costumes pour le travail, les habits traditionnels pour les cérémonies et réunions familiales, etc.) ; la maman parfaite (la maternité est d'abord liée au domaine des soins, sans parler de l'épanouissement des enfants). Ainsi, la référence est de tout faire pour et à la place de ses enfants, afin que ces derniers soient présentables (leurs habits et leurs affaires toujours propres, malgré leur jeune âge et leurs activités). Une autre valeur qui semble constituer une pression supplémentaire sur la femme moderne et qui rentre dans le bouquet de ses « capacités » est le fait maison. Les membres de la famille de la femme « qadda » doivent manger des repas faits maison. Les femmes appartenant à la classe moyenne et moyenne supérieure sont de plus en plus conscientes de l'importance d'une nutrition saine moins sucrée et moins salée que la nourriture industrielle. L'expression de cette prise de conscience se reflète d'abord au niveau de la consommation des aliments pour le goûter des enfants. Ainsi, dans certains milieux, cette prise de conscience plutôt positive se traduit avec une pression supplémentaire lors de la préparation du goûter des enfants qui doit être obligatoirement fait maison, d'autant plus que les écoles côtoyées par leurs enfants font pression dans ce sens.

L'ancienne acception de la femme « qadda » est la femme au foyer, qui fait tout elle-même, sans faire appel à un prestataire externe. La nouvelle acception de « qadda » est la femme qui est exemplaire dans son travail tout en assurant, dans la sphère domestique, des repas faits maison et qui entretient sa beauté avec des soins pour être impeccable. Vu la multiplicité des capacités que cela nécessite, la société accepte que la femme fasse appel à d'autres femmes, moyennant rémunération pour atteindre cet idéal. Néanmoins, la charge mentale, liée à la coordination de la réalisation de l'ensemble de ces tâches par les femmes de la famille proche ou élargie, la nounou qui garde l'enfant chez elle, la « femme au foyer entrepreneuse » qui prépare le pain et les repas faits maison, etc., revient exclusivement à la femme.

En ce qui concerne les femmes membres de la famille, rémunérées indirectement sous forme de cadeaux ou d'aides, nous noterons ici l'idée selon laquelle le travail invisible lié aux tâches ménagères et/ou garde des enfants, exercé chez soi ou chez un membre de la famille, ne constitue pas un travail qui mérite une rétribution et, donc, cette dernière doit être cachée sous forme de cadeau et/ou d'aide. Dans le sens où offrir un cadeau et soutenir financièrement les parents et les membres de la famille élargie est valorisé socialement ; mais qu'une femme exige un paiement pour le travail invisible dont bénéficient les membres de sa famille est condamnable. Dans le même sens, les jeunes femmes vivant sous le toit de leurs parents semblent échapper à l'obligation de prendre part aux tâches ménagères dans certains foyers. Elles s'en déchargent sur leurs mères contre des cadeaux ou un argent de poche de manière régulière. Ce qui pousserait ces femmes (leurs mères) à accepter cette non-division des tâches avec les autres femmes du foyer (leurs filles) c'est de considérer ce travail invisible comme une forme de soutien à leurs filles pour étudier et, donc, accéder à des postes de responsabilités qui leur permettraient d'avoir un meilleur statut social qu'elles (leurs mères). Alors, les femmes sont motivées par la poursuite des études et le fait de décrocher des postes de responsabilité pour s'assurer d'un « droit de travailler » à long terme après le mariage et après l'arrivée des enfants ; alors que pour toute autre femme ce « droit de travailler » est relatif au bon vouloir du futur mari.

Nous en concluons que, dans la société marocaine, il existe un certain nombre de valeurs qui fixent la barre des attentes vis-à-vis des femmes qui travaillent et favorisent même cette dynamique interféminine et intersectorielle (entre formel et informel). Ainsi, nous soutenons que dans le modèle d'Henderson, il est important de signaler le rôle des valeurs comme ciment des dynamiques intersectorielles ; pour être fidèle à la métaphore développée par l'auteur, nous parlerons du rôle des valeurs comme « couche de crème » qui lie chaque étage du cake à la précédente.

Ces valeurs sont d'autant plus importantes en temps de crise car elles peuvent l'accélérer ou encore l'amortir. Nous avons vu que la valeur de solidarité, exhaussée par la période du confinement en plein ramadan, a joué le rôle d'amortisseur de la crise économique. Beaucoup de personnes touchées par le chômage dès le départ de la crise sanitaire ont déclaré avoir reçu une aide financière exceptionnelle durant le ramadan.

D'un autre côté, les femmes cadres, travaillant dans le secteur touristique et ayant conservé leur salaire et leur poste, ont également changé leurs habitudes de consommation et se sont tournées vers le fait maison de manière exclusive. Elles sont animées par une culpabilité de ne pas assurer elles-mêmes certaines tâches pour leurs enfants ou leur mari avant le confinement (principalement le recours aux prestatrices[23] de service de préparation des repas et du pain). Pour elles, la période du confinement a été une occasion de se « rattraper » par rapport à un manquement imaginé à leurs devoirs. De même, le confinement a permis un retour en force de la domination masculine dans ces foyers, où les femmes semblaient avoir acquis plus de droits. Ainsi, le fait qu'elles soient sans activité, même en

[23]. Nous faisons exprès d'utiliser cet adjectif au féminin vu qu'il s'agit de femmes exclusivement.

gagnant le même salaire, a justifié une remise en question de leur droit de se décharger sur d'autres femmes même si ce sont elles qui les payent. Ce qui accélère l'effet de domino de la crise économique et sociale. Les droits des femmes au Maroc ne sont donc pas définitivement acquis. À la moindre crise sociale et/ou économique, ils sont soumis à une renégociation. En ce sens, nous déplorons que, dans notre étude, nous n'ayons pu interviewer des femmes contraintes de subvenir aux besoins du foyer en raison de la dégradation de la situation financière de leur mari, due à la crise sanitaire. Étudier la distribution des tâches pendant et après le confinement dans ce type de foyer aurait pu ajouter d'autres éclairages sur la question de l'émancipation de la femme.

Conclusion

Notre étude a pour objectif d'apporter des éclaircissements sur l'un des aspects de la crise sociale que vit le Maroc suite à la crise sanitaire mondiale dite Covid-19. Nous nous sommes basée sur un modèle théorique issu de la mouvance écoféministe qui met en exergue le travail invisible des femmes comme couche à part entière dans toute économie en plus de la couche du secteur formel. Nous avons fait appel à la sociologie du travail et à la littérature sur le genre pour étudier le lien entre ces deux couches de l'axe du travail invisible féminin. Notre hypothèse principale est que les femmes exercent des activités rémunérées et/ou gratuites informelles qui conditionnent l'accès des femmes au travail dans le secteur formel. À nos yeux, la situation sociale et économique se prête parfaitement à cette lecture car les femmes occupent, entre autres, la majorité des emplois d'aide ménagère. Le confinement, vécu par les foyers marocains touchés entièrement ou partiellement par le chômage, est un contexte qui permet d'étudier à l'échelle microéconomique ce lien entre la couche formelle et informelle de l'économie marocaine à travers le travail de la femme. D'où notre choix d'étudier 10 foyers dans lesquels les femmes travaillent dans le secteur du tourisme, l'un des secteurs les plus touchés à court, moyen et peut-être même à long terme par les conséquences de cette crise sanitaire mondiale. Notre étude exploratoire, basée sur des entretiens semi-directifs d'une durée moyenne de 1 h 15 (Min 45 minutes ; Max 2 h 30), nous a permis d'étudier les modes de coordination de ces femmes entre les différents temps sociaux (salariat et foyer). Nous en déduisons que le non-partage des tâches avec les hommes au sein des foyers marocains a favorisé une délégation du travail invisible à d'autres femmes de manière formelle ou informelle, moyennant rémunération directe ou cachée sous forme de cadeaux en nature. Cette délégation, qui s'exerce à tous les étages de la société, constitue pour nous le lien entre la couche du secteur formel et informel sous l'axe du salariat féminin. De plus, l'arrêt de cette délégation, suite à la crise Covid-19 pour des raisons sanitaires et financières, constituerait pour nous l'une des explications de l'effet de domino entre les différents secteurs de l'économie marocaine et entre les travailleurs du secteur formel et ceux de l'informel, transformant ainsi la crise économique en détresse sociale. Dans cet effet de domino, nous avons pu mettre en exergue des situations sociales hors statistiques officielles et auxquelles les mesures officielles de soutien aux foyers ne s'appliquent pas directement. Enfin, l'un de nos principaux apports est de formuler une proposition théorique forte sur la dynamique entre le secteur formel et informel de l'économie à travers le paramètre du travail invisible féminin et de montrer que cette dynamique est directement liée à des valeurs culturelles propres au cas marocain, qui constituent le lien entre ces couches. L'étude des aspects culturels en période de crise est primordiale car elles sont en mesure d'accélérer ou d'amortir une crise économique.

Nous ne manquerons pas de rappeler la visée exploratoire de notre étude qui nous a conduite à développer une méthodologie de recherche qualitative dans une visée interprétativiste afin de fournir des explications individuelles à des phénomènes macroéconomiques. Nous n'ignorons pas non plus la limite de cette méthode car le nombre de foyers étudiés reste assez restreint pour permettre une comparaison inter-cas telles que préconisée par la théorie enracinée. Ce travail a pour objectif de formuler une proposition théorique qui est à approfondir et à tester dans un travail ultérieur afin de rendre plus visibles et plus opérationnels les modèles théoriques issus de la mouvance de l'écologie féministe. Il s'agit d'apporter un regard neuf sur le monde économique plus inclusif de l'ensemble des composantes de la société, notamment les femmes de toutes les catégories socioprofessionnelles.

Bibliographie

ALONZO P., MÉRON M. (2001), « Le plein-emploi : avec ou sans les femmes ? Controverse autour du rapport de Jean Pisani-Ferry », *Travail, Genre et Sociétés*, n° 6, 2001.

ALONZO P., ANGELOFF T., MARUANI M. (2005), « Travail, famille et genre : une relation à double sens », in Margaret MARUANI éd., *Femmes, genre et sociétés. L'état des savoirs.* Paris, La Découverte, « TAP/Hors Série », 2005, p. 372-380.

ARAUJO GUIMARÃES N., HIRATA H., KURUMI, S. (2014), « *Care* et travail du *care* dans une perspective comparative : Brésil, France, Japon [1] », *Regards croisés sur l'économie*, 2014/2, n° 15, p. 327-340

BAKASS F., MELLAKH K. (2013), « Étude sur les stéréotypes de genre répandus au Maroc. », Rapport d'analyse, 77 p. : Progetto mondo MLAL - Europe - Amnesty International Maroc.

BÉLANGER L, BOYER G. (1990), « Salaire au travail ménager ou reconnaissance économique du travail de maternage ? », *Sciences humaines*, n° 37, p. 29-31.

BENTOUDJA L., RAZAFINDRANOVONA T. (2020), Être parent : des cadres aux ouvrières, plus de conséquences sur l'emploi des femmes, INSEE Premières, n° 1795, mars 2020.

CHICHA M. T. (2013), « Inégalités de genre et pratiques d'entreprise au Maroc », Bureau international du Travail - Document de travail 69 - Genève.

DEVETTER F.X., ROUSSEAU S. (2011), *Du balai. Essai sur le ménage à domicile et le retour de la domesticité*, Paris, Raisons d'agir, novembre 2020. http://journals.openedition.org/temporalites/1766

GUILLAUMIN C. (1992), « Sexe, race et pratique du pouvoir. L'idée de nature », Paris, Côté Femmes.

GUÉRIN I. (2005), « Femmes et économie : Quels enjeux – Pratiques économiques solidaires : entre résistance et justice sociale », Chantier Femmes et Économie, septembre 2005.

RELAIS-FEMMES. (1998). « L'économie sociale du point de vue des femmes – Un guide de formation à l'intention des fem »mes, Éditions Relais-Femmes.

HASSOUNI K. (2015), *Femmes et profession comptable au Maroc*, Thèse de doctorat en co-tutelle entre l'université Hassan II de Casablanca et l'université de Versailles Saint-Quentin en Yvelines, 603 p.

HAUSMANN R., TYSON D. L., Zahidi S. (2012), *The Global Gender Gap Report.* Genève, World Economic Forum.

HEINEN J, HIRATA H., PFEFFERKORN R. (2009), « Politiques publiques et articulation vie professionnelle/vie privée. Introduction », *Cahiers du genre*, 2009/1, n° 46, p. 5-16.

HENDERSON H. (1991), *Paradigms in Progress : Life Beyond Economics*. Indianapolis, in Knowledge Systems, Inc.

HENDERSON H. (1988), *The Politics of the Solar Age : Alternatives to Economics*. Indianapolis, in Knowledge Systems, Inc.

HCP, (2014). *L'Enquête nationale sur l'emploi du temps au Maroc 2011-2012*.

HCP (et la Banque mondiale), (2017), *Le marché du travail au Maroc : Défis et Opportunités*, Rapport, novembre 2017.

HCP. (2020). Rapports sociaux dans le contexte de la pandémie Covid-19 – 2e panel sur l'impact du Coronavirus sur la situation économique, sociale et psychologique des ménages.

JALAL H. (2011). *Analyse genre de la politique fiscale au Maroc : Cas de l'Impôt sur le Revenu*, Paris, L'Harmattan.

JUNTER-LOISEAU A. (1999), « La notion de conciliation de la vie professionnelle et de la vie familiale : révolution temporelle ou métaphore des discriminations ? », *Les Cahiers du Genre*, n° 24, p. 73-98.

MARUANI M. (2000), *Travail et emploi des femmes*, Paris, La Découverte, Collection « Repères ».

MARUANI M. (2005), *Femmes, genre et sociétés, l'état des savoirs*, Paris, Éditions La Découverte.

MMSP (2011), « Conciliation travail - famille des femmes et des hommes fonctionnaires au Maroc », Rapport d'étude menée pour le compte du ministère de la Modernisation du secteur public.
http://www.mmsp.gov.ma/uploads/file/Rapport_Conciliation.pdf

NACIRI R. (2001), Genre, pouvoir et prise de la décision au Maroc, in *Disparités entre femmes et hommes et culture en Afrique du Nord*, ONU, 2011.

NICOLE-DARANCOURT C. (dir.) (2009), *Conciliation travail-famille : Attention travaux*, Paris, L'Harmattan.

OCDE. (2020). COVID 19 dans la Région MENA : Impact sur les inégalités de genre et réponses apportées en soutien aux femmes. www.ocde.org/coronavirus.

RHALIMI A. (2018), « Articulation des temps sociaux des femmes cadres au Maroc : Quel rôle pour la GRH », ffhal-01839321ff.

RODARY M. (2007a), « Le travail des femmes dans le Maroc précolonial, entre oppression et résistance. Droit au travail ou accès aux bénéfices ? », *Cahiers d'Études africaines*, n° 187-188, Tout Open Édition. https://journals.openedition.org/etudesafricaines/9082

RODARY M. (2007b), « Continuité du travail des femmes et de leur exploitation dans l'histoire du Maroc », in *l'Histoire du travail des femmes au Maroc*, HEM Research Center, Economia.
https://www.economia.ma/fr/content/l%E2%80%99histoire-du-travail-des-femmes-au-maroc

SABOURIN C., BELLEAU J., DUVAL M. (2005), « Atelier de réflexion et d'échange sur le renouvellement de la théorie économique d'un point de vue féministe et écologique », UQAM.

SABRI S. (2017), *Les ressources humaines pédagogiques des universités publiques marocaines sous le prisme du genre*, Thèse de doctorat de l'université Hassan II de Casablanca, 404 p.

SINGLY F. (2013). « L'enfant comme obstacle à l'égalité professionnelle », in Margaret MARUANI éd., *Travail et genre dans le monde : L'état des savoirs* (p. 80-88). Paris, La Découverte.

SOUDI K. (2003), « La Discrimination salariale entre hommes et femmes au Maroc urbain : une autre dimension de la question gendorielle sur le marché du travail », *Marché du travail et genre dans les pays du Maghreb. I. CNRS, ULB. Rabat.*

TOUPIN L. (Avec la collaboration de Goudreault Nadine), (2001), « Des indicateurs socio-communautaires pour estimer le travail des femmes dans les communautés », Édité par Condition féminine Canada.

PNUD. (1995) Human development report 1995. Gender and human development, New York/Oxford : UNDP/Oxford University Press. HCP, 2017, Marché du travail au Maroc : Défis et opportunités.

UM WOMEN. (2017). Understanding masculinities, results from the International Men and Gender Equality Study in the Middle East and North Africa. www.unwomen.org

8

La transition économique à l'ère de la Covid-19 et le besoin d'un nouveau modèle de développement économique pour le Maroc

Miloudi KOBIYH
Enseignant-chercheur
École nationale de commerce et de gestion – El-Jadida
Université Chouaib Doukkali
miloudi.kobiyh@gmail.com

Résumé

Début de l'année 2020 : le monde entier est affecté par un fléau qu'il est incapable de contrer efficacement. Les uns l'ont assimilé à la dépression de 1929, les autres l'ont qualifié de crise la plus violente depuis 1945. Les pays peinent à prédire les conséquences et la durée de ses impacts. Il s'agit d'une pandémie dont l'origine est un virus extrêmement contagieux. Le résultat est que l'économie mondiale est à l'arrêt. La perturbation de la production et la baisse de la demande ont provoqué un état de choc violent pour l'économie mondiale. La croissance économique est fortement ralentie, générant des niveaux jamais atteints d'incertitude.

En anticipant l'impact dévastateur de cette pandémie, le Maroc a imposé très tôt le confinement de la population et la fermeture des frontières. En même temps, il a déployé des efforts en un temps record pour adopter des mesures qui visent à préserver l'économie et soutenir la population. L'objectif est la recherche d'une perspective stable pour le pays. Sa mobilisation exemplaire, pour relever le défi de l'urgence sanitaire et gérer la pandémie, lui a permis d'être cité, comme exemple, à l'étranger (Banque mondiale, 2020).

Quant à la reprise économique, elle ne sera pas envisageable sans des programmes qui soutiennent le tissu économique et social. L'appel, donc, est à la responsabilité individuelle et collective, où le maître mot est la solidarité. L'objectif de ce travail est de discuter des actions et des pratiques innovantes permettant d'accélérer la transition économique au Maroc et la sortie de la crise. Il s'agit de discuter les possibilités des rapports économiques cohérents avec la solidarité et l'intérêt collectif et leur viabilité dans la société marocaine, ainsi que leur rôle dans la reprise économique selon un nouveau modèle de développement.

Mots-clés : crise économique, croissance, citoyenneté, rationalité, solidarité.

La dernière décennie a affiché une croissance annuelle régulière du PIB mais, en 2020, la crise de la Covid-19 vient changer la donne. Durant le premier trimestre de cette année, le monde entier a été propulsé vers l'arrêt et même l'inconnu. Il a été frappé par une crise sanitaire qui a engendré une mise à l'arrêt de l'économie réelle. Pour limiter la propagation du virus, les mesures de restriction ont fortement ralenti l'activité économique dans le monde entier, partout la croissance du PIB s'est arrêtée. C'est la pire récession que l'économie mondiale ait connue depuis 80 ans (Banque mondiale, 2020). Les écrits s'accumulent pour décrire la précarité dans laquelle cette crise plonge les populations et les différents secteurs économiques. Néanmoins, la priorité reste toujours aux mesures susceptibles de juguler la pandémie.

Selon le Haut-Commissariat au plan (HCP) (2020a), la dégradation des perspectives de la croissance économique mondiale met en évidence la façon dont la crise menace l'économie réelle. Les plans de soutien budgétaire se succèdent pour atténuer les effets dévastateurs de la crise et contenir ses violentes répercussions économiques et sociales. Au secours des secteurs économiques, des milliards sont injectés pour permettre aux ménages de consommer et aux entreprises d'accéder aux fonds. La dépense publique et son corollaire l'emprunt sont apparus comme les seuls instruments viables pour soutenir les ménages, les entreprises et les services publics.

En effet, le contexte mondial à l'ère de la crise de la Covid-19 se caractérise par une activité économique mondiale très ralentie avec son cortège de chômage et de pauvreté, indique la Banque centrale européenne (BCE) (2020). Ainsi, les mesures se multiplient afin de limiter les faillites et faire face au chômage. La situation est en cours d'évolution et les impacts de la crise seront inouïs, vu la baisse drastique de la production et de la demande qui peut s'étendre sur toute l'année 2020. Le monde est plongé dans un niveau d'incertitude inattendu et les services statistiques peinent à comptabiliser ses multiples conséquences.

À son tour, le Maroc s'est mobilisé pour lutter contre la pandémie. Un tiers des Marocains s'est autoconfiné avant la décision officielle de l'état d'urgence sanitaire, et la quasi-totalité des ménages (99,5 %) ont adopté les gestes barrières recommandés pour se protéger contre la Covid-19 (HCP, 2020c). Durant le confinement, plusieurs secteurs sont quasiment à l'arrêt. Les mesures de distanciation sociale et les restrictions des déplacements ont engendré le ralentissement ou l'arrêt complet d'activités. Les secteurs les plus touchés de l'économie marocaine sont le tourisme, l'hôtellerie, les transports, la construction automobile et les activités commerciales (Banque mondiale, 2020). C'est pourquoi une série de mesures a été adoptée pour soutenir l'économie et les travailleurs en arrêt d'activité. La décision la plus saluée est la création d'un fonds spécial Covid-19[1]. Il a été créé pour faire face à l'urgence sanitaire (financer l'achat des équipements médicaux) et procurer un revenu aux personnes en arrêt de travail du secteur formel et informel (Banque mondiale, 2020).

La fin des mesures de confinement sonne l'heure de la reprise économique. Elle peut se faire avec une économie qui fonctionne à moitié, comme il a été constaté dans quasiment tous les pays. Les mesures de distanciation physique entre individus l'imposent. Ces mesures, et d'autres relatives à l'hygiène, impliquent un surcoût pour l'économie et pour les entreprises (FMI, 2020). Le Maroc a réussi à bien gérer les contraintes du confinement, mais la reprise des activités économiques sera longue (Banque mondiale, 2020).

Selon cette perspective, ce travail cherche à discuter les conséquences et la sortie de la crise, ce qui alimente la réflexion sur l'importance d'un nouveau modèle de développement pour assurer la reprise économique au Maroc. Il s'agit en réalité de préciser les liens existant entre la crise actuelle et le besoin de renouveler la rationalité économique afin d'entreprendre des pratiques économiques innovantes permettant la transition vers ce nouveau modèle de développement.

Ainsi, après une explication, dans la première section, de la crise actuelle comme étant un double choc de l'offre et de la demande, la deuxième section sera consacrée à ses conséquences économiques et sociales en se focalisant sur le cas du Maroc. Dans la troisième section, il s'agira de discuter les possibilités de rapports économiques cohérents avec la solidarité et l'intérêt collectif et leur rôle potentiel dans la transition de l'économie marocaine vers un nouveau modèle de développement.

1. Le choc double de la crise Covid-19

En 2020, l'économie mondiale traverse une période historique. L'arrêt des activités a entraîné une situation de crise économique inédite. Or, habituellement une crise économique peut résulter soit d'un choc de la demande, qui résulte d'une baisse de l'investissement des entreprises et de la demande des particuliers, soit d'un choc de l'offre, selon lequel c'est la production qui se réduit. La situation actuelle est particulière, puisque cette

[1]. Ce fonds a permis de collecter les dons de nombreux particuliers, entreprises et institutions. Fin juillet, le montant collecté s'élève à 33,7 milliards de dirhams et les dépenses ont atteint 24,7 milliards de dirhams, indique la Trésorerie générale du Royaume (TGR) dans son bulletin mensuel de statistiques des finances publiques du mois de juillet 2020. https://www.tgr.gov.ma/wps/wcm/connect/e61a13e1-e541-45cf-a1cc-e14bec1a1c7a/BSFP+Juillet+2020.pdf?MOD=AJPERES&CACHEID=e61a13e1-e541-45cf-a1cc-e14bec1a1c7a, (consulté le 13-08-2020).

crise sanitaire a exercé sur l'économie un double choc : un choc de l'offre et un choc de la demande[2]. En effet, l'arrêt soudain de l'activité économique a affecté les entreprises, les ménages et les marchés (Banque mondiale, 2020). En conséquence, à cause de cette crise, l'offre diminue parce que les entreprises ferment ou font travailler moins de salariés pour les protéger du virus, et la demande recule parce que la population reste confinée et de nombreux secteurs sont à l'arrêt, ce qui baisse leur demande d'investissement.

Le résultat est que le nouvel équilibre entre l'offre et la demande se déplace dans le sens d'une baisse de la quantité échangée sur le marché et d'une augmentation des prix. La quantité baisse parce que la demande chute : les entreprises ne vont pas investir dans un environnement incertain et les particuliers dépensent moins par précaution. Quant aux prix, leur évolution dépend de l'intensité des chocs. D'après la note de conjoncture n° 280 du ministère de l'Économie, des Finances et de la Réforme de l'administration (2020), les prix ont subi un choc qui a impacté à la fois l'offre et la demande. Ainsi, si le choc sur l'offre est grand, mais faible sur la demande, les prix vont augmenter. Inversement, une offre qui ne change pas trop et une demande qui baisse beaucoup entraînent une baisse des prix. Si les chocs sont équivalents, les prix vont rester stables. Mais, concernant les quantités échangées, elles baisseront forcément. Ceci schématise le bouleversement économique durant cette crise, il met en évidence une situation de récession.

Or, si la quantité échangée est bien inférieure, l'activité économique sera moins importante. Cette diminution de l'activité engendre du chômage. Dans ces conditions, les personnes ont tendance à moins dépenser par précaution ou par nécessité. Généralement, c'est un contexte d'incertitude qui pousse les consommateurs à ne pas dépenser et les entreprises à reporter leurs investissements. Cette situation constitue un frein considérable à la consommation et à l'investissement privés (Banque mondiale, 2020). Ceci entraîne une spirale de récession et l'urgence est de soutenir la demande. Par conséquent, la population doit conserver un revenu pour pouvoir dépenser et soutenir la demande.

En Europe, on a limité les dégâts en mettant en place des dispositifs de chômage partiel (FMI, 2020). Le dispositif de chômage partiel constitue le cœur de la stratégie de réponse de la France à la crise (Ducoudré, Madec, 2020). Aux États-Unis ce dispositif n'existe pas ; donc, on a décidé de verser des indemnités à des dizaines de millions d'individus selon une action de grande ampleur coordonnée par la Réserve fédérale américaine (HCP,

---

[2]. C'est ce qui se passe pendant une catastrophe naturelle. Si tout est désorganisé, tout s'arrête.

2020e). Cette mesure permet aux populations de subvenir à leurs besoins mais aussi d'entretenir la consommation, et donc la demande. Par conséquent, les entreprises doivent se réorganiser et continuer le processus de production, ce qui casse la spirale récessionniste et prépare la voie à des économies plus résistantes.

Lors de la reprise, l'objectif de toutes les économies est de revenir à un équilibre plus proche de l'équilibre d'avant la crise, et surtout de ne pas perdre tous les acquis en termes de croissance et de prospérité. Certes, le soutien à la demande coûte cher au budget de l'État, mais si l'État n'introduit pas différentes mesures de soutien, cela risquera de coûter encore plus cher. Les pays qui pourront dépenser massivement pour leurs économies s'en sortiront mieux. En revanche, ceux qui préfèrent des mesures d'austérité risqueront une récession encore plus grave. Ainsi, une aide extérieure et une étroite coopération multilatérale sont donc très souhaitables, afin d'éviter les tensions commerciales et technologiques qui pourraient compromettre la reprise des activités et la relance économique après la crise (FMI, 2020).

2. Conséquences économiques et sociales de la crise Covid-19

2.1. Conséquences économiques

Les mesures drastiques du confinement font que le PIB mondial devrait reculer de 4,9 % en 2020 (FMI, 2020). Il s'agit de sa plus forte contraction depuis la crise financière de 2008, sachant que le monde a connu une croissance de 2,9 % en 2019 (HCP, 2020a). Frappée de plein fouet par la pandémie de la Covid-19, l'Europe tente de faire face à la crise économique avec la mise en place au sein de la zone euro d'un plan d'aide massif. En effet, le plan de relance européen est de 750 milliards d'euros, il vise à soutenir les secteurs et les pays les plus touchés par la crise sanitaire, indique le ministère de l'Économie, des Finances et de la Réforme de l'administration dans sa note de conjoncture n° 280 (2020). Cet environnement économique international défavorable devrait impacter négativement l'économie nationale.

Au Maroc, selon la note de conjoncture n° 280 du ministère de l'Économie, des Finances et de la Réforme de l'administration (2020), les effets combinés de la pandémie et de la sécheresse font que l'économie nationale va souffrir d'une récession qui frappe pour la première fois le pays depuis plus de deux décennies. Les mesures prises pour lutter contre la Covid-19 ont imposé des dépenses publiques élevées face à une baisse des recettes. C'est pourquoi le Maroc s'est trouvé obligé de faire appel aux emprunts extérieurs supplémentaires dépassant le plafond des financements extérieurs fixé par la loi de finance 2020 à 31 milliards de dirhams

(3,16 milliards de dollars) (HCP, 2020d). Ces emprunts permettent de faire face aux besoins bruts de financement public qui atteindront 16,1 % du PIB en 2020 (Banque mondiale, 2020).

À cet effet, le déficit budgétaire, hors fonds spécial Covid-19, a plus que doublé : il s'est creusé de 24,1 milliards de dirhams pour s'établir à 43,6 milliards de dirhams, dû notamment à la baisse des recettes fiscales qui ont diminué de 10 % fin mai 2020, souligne le ministère de l'Économie, des Finances et de la Réforme de l'administration (2020). En conséquence, ce déficit budgétaire global pourra atteindre 7,5 % du PIB en 2020 (Banque mondiale, 2020). Parallèlement, la Banque centrale marocaine (Bank Al-Maghrib) a entamé des mesures d'assouplissement monétaire selon des réductions successives pour baisser le taux directeur à 1,5 % en juin 2020 (HCP, 2020e). Ceci mesure l'étendue de l'impact de la crise sur l'activité économique au Maroc.

Suite à cette dégradation de la situation, la croissance économique du Maroc ne peut dépasser 0,7 % au premier trimestre 2020, au lieu de 1,9 % sans effet de la crise, alors que la croissance de l'économie nationale était de 2,1 % au 4e trimestre 2019 (HCP, 2020a). La même source souligne qu'une baisse du PIB de 6,8 % est attendue au deuxième trimestre. Cette régression est due à la baisse de la consommation des ménages en raison du repli des dépenses d'énergie, de transport, de restauration et de loisirs. L'épargne forcée de cette période sera conservée par précaution, car les individus se montrent inquiets pour l'avenir (HCP, 2020a). De plus, l'aggravation de la crise pousserait les entreprises à limiter leurs besoins de financement. Cette perspective serait sans doute pénalisante pour l'économie nationale ; ainsi, le PIB devrait chuter de 5,8 % en 2020, sachant qu'il a affiché une augmentation de 2,5 % en 2019 (HCP, 2020e).

D'après l'enquête menée par le HCP (2020b) pour évaluer l'impact de la crise sur la situation des entreprises au Maroc, environ 135 000 entreprises ont été obligées de suspendre temporairement leurs activités et 6 300 entreprises ont cessé définitivement leurs activités. Autrement dit, 57 % des entreprises ont déclaré l'arrêt définitif ou temporaire de leurs activités. Cette enquête montre que les TPE (très petites entreprises) représentent 72 %, les PME (petites et moyennes entreprises) 26 % et les GE (grandes entreprises) 2 % des entreprises en arrêt d'activité de façon temporaire ou définitive. Cette enquête montre également que les secteurs les plus touchés sont l'hébergement et la restauration avec 89 % d'entreprises en arrêt provisoire ou définitif d'activité, suivis par les secteurs opérant dans le textile et l'industrie du cuir (76 %), et ceux opérant dans les industries métalliques et mécaniques (73 %) (HCP, 2020b). L'évolution des activités sectorielles permet d'envisager trois sortes de secteurs : des secteurs qui continueront à bien se porter (l'industrie extractive, l'industrie agroalimentaire, l'industrie chimique et le secteur des télécommunications), des secteurs modérément impactés (BTP et commerce) et des secteurs très affectés (transport, tourisme et activités liées), indique le ministère de l'Économie, des Finances et de la Réforme de l'administration (2020).

De plus, la fermeture des frontières a affecté durement le secteur du tourisme [3]. Ce secteur et toutes ses branches d'activité (hôtellerie, restauration, agences de voyages et location de voitures) sont en détresse, puisque la perte du secteur est estimée à 34 milliards de dirhams en 2020 (HCP, 2020a). La valeur ajoutée de l'hébergement et de la restauration aurait baissé de 2,8 %, au premier trimestre 2020, selon la source. Pour le deuxième trimestre, la baisse de l'activité devrait se poursuivre avec la propagation de la pandémie et le prolongement de la fermeture des frontières nationales. Quant au secteur des télécommunications, porté particulièrement par le passage au télétravail et l'enseignement à distance, il a affiché un accroissement de 3,1 % au premier trimestre 2020, au lieu de 1,9 % au quatrième trimestre 2019 (HCP, 2020a).

De même, la baisse de la demande étrangère adressée au Maroc a fortement impacté l'essor des exportations nationales avec un repli de 19,7 % pour s'établir à 81,5 milliards de dirhams fin avril 2020, indique le ministère de l'Économie, des Finances et de la Réforme de l'administration (2020). Les secteurs exportateurs les plus impactés sont les activités industrielles dépendant des chaînes de valeur mondiales, notamment le secteur de l'automobile. Ce secteur, qui représente la plus grande part des exportations marocaines (27 % des exportations totales), va être le plus impacté avec un repli de 39 %, précise ce ministère. Quant aux exportations des phosphates et dérivés, selon la même source, elles se sont consolidées de 12,3 % et le chiffre d'affaires à l'export du groupe OCP est de 15,9 milliards de dirhams au bout des quatre premiers mois de 2020, ce qui marque une légère amélioration de 0,2 %. Ces exportations de phosphates auraient fait preuve d'une forte résilience, avec une hausse en volume et une baisse en valeur (HCP, 2020e). Généralement, environ 67 % des entreprises exportatrices ont été impactées par la crise sanitaire (HCP, 2020b).

Par ailleurs, les conditions du confinement et la suspension des liaisons aériennes et maritimes ont engendré un repli des transferts des Marocains résidant à l'étranger de 13,6 % (22,4 milliards de dirhams) jusqu'à fin mai, estime le ministère de l'Économie, des Finances et de la Réforme de l'administration (2020). À cela s'ajoute aussi le recul des autres sources de devises : les recettes touristiques et les investissements directs de l'étranger (IDE), ce qui vient induire un déséquilibre de la balance courante marocaine

[3]. Selon la Banque mondiale (2020), le tourisme au Maroc est l'un des secteurs les plus sévèrement affectés. Il s'agit d'un secteur essentiel en termes de création d'emplois, puisqu'il fournit 750 000 emplois directs et plus de 2,5 millions d'emplois indirects.

qui présente déjà habituellement un déficit de 4 à 6 % du PIB, souligne la Chambre française de commerce et d'industrie du Maroc (2020). Ainsi, les revenus nets en provenance du reste du monde devraient se replier de 4,6 % (HCP, 2020d). Néanmoins, la chute du prix du pétrole pourra soulager ce déficit et limiter les dépenses des importations d'énergie, puisque le prix du pétrole pourrait atteindre 36,18 USD par baril l'année 2020, estime le HCP (2020d).

Malgré toutes ces données qui montrent la violence du choc subi par l'économie nationale, le Maroc est jugé apte à surmonter la crise sanitaire et ses conséquences économiques. À cet égard, il convient de signaler l'agilité et la souplesse de son tissu économique et industriel, puisqu'il a pu réorienter son outil industriel pour fabriquer des produits (masques, appareils respiratoires) afin de lutter contre la Covid-19. Cette agilité fait défaut dans plusieurs pays, même développés.

Selon le ministère de l'Économie, des Finances et de la Réforme de l'administration (2020), la création du comité de veille économique[4] (CVE) et la mise en place d'un fonds spécial pour gérer la pandémie sont les décisions qui constituent le cœur de la stratégie de réponse du Maroc afin d'entraver les retombées négatives de la pandémie. Les mesures prises par le CVE ont permis d'amortir le choc sur les ménages et les entreprises en difficulté. Ainsi, pour aider les ménages à garder un revenu et maintenir leur consommation, le CVE[5] s'est occupé d'indemniser les salariés en arrêt de travail. De fait, une aide mensuelle de 2 000 dirhams a été adressée aux salariés déclarés à la CNSS en arrêt temporaire de travail ; en même temps, des individus opérant dans le secteur informel ont pu recevoir une aide allant de 800 à 1 200 dirhams selon la taille du ménage. Toutes ces mesures sont financées par le fonds spécial mis en place pour gérer la crise, selon la note de conjoncture n° 1024 de la Chambre française de commerce et d'industrie du Maroc (2020).

2.2. Conséquences sociales

Avec la crise actuelle, les vulnérabilités sociales vont encore s'aggraver. La récession de l'économie mondiale va être marquée par un chômage qui peut battre des records. L'arrêt de l'activité économique a des effets désastreux sur le marché du travail au niveau mondial (FMI, 2020). Selon la 3e édition de l'Observatoire de l'organisation internationale du travail (OIT) (2020), les

---

4. C'st une cellule interministérielle chargée de déterminer les mesures à prendre afin de faire face aux différentes conséquences économiques et sociales de la crise.

5. Ministère de l'Économie, des Finances et de la Réforme de l'administration, 2020, Covid19 : Mesures prises par le Comité de Veille économique et par le ministère, https://www.finances.gov.ma/fr/Nos-metiers/Pages/news-dispositions-cve.aspx, (consulté le 8-06-2020).

mesures prises pour endiguer la pandémie vont détériorer les conditions sociales d'innombrables travailleurs, puisqu'environ 130 millions d'emplois ont été perdus entre le 4e trimestre 2019 et le 1er trimestre 2020. Cette tendance devrait s'accentuer au 2e trimestre 2020 (OIT, 2020). Aux États-Unis, le taux de chômage a atteint 14,7 % en avril 2020 contre 3,6 % un an auparavant et 3,5 % fin 2019 ; dans la zone euro, ce taux est passé de 7,1 % en mars à 7,3 % en avril 2020, selon le ministère de l'Économie, des Finances et de la Réforme de l'administration (2020).

Au niveau national, l'arrêt définitif ou temporaire de l'activité a des répercussions désastreuses sur l'emploi, puisque 27 % des entreprises auraient dû réduire temporairement ou définitivement leurs effectifs, plus de la moitié de ces effectifs réduits (57 %) sont des employés des TPE et PME (HCP, 2020b). Ainsi, près de 726 000 postes auraient été réduits, ce qui constitue 20 % de la main-d'œuvre des entreprises : 21 % pour les TPE, 22 % pour les PME et 19 % pour les GE, selon la source. Les secteurs les plus touchés en termes de réduction d'emplois seraient principalement les services avec 245 000 postes de travail, soit 17,5 % de l'emploi total de ce secteur, suivi du secteur de l'industrie avec une réduction de 195 000 postes, ce qui représente 22 % de la main-d'œuvre de ce secteur (HCP, 2020b). La même source précise que l'industrie de l'habillement aurait enregistré une réduction de 34 %, suivie de l'hébergement avec 31 % des emplois réduits, puis les branches de la construction des bâtiments et de la restauration qui auraient réduit respectivement de 27 % et 26 % leurs effectifs.

Le nombre de chômeurs dû à la crise vient s'ajouter au 1,107 million que comptait le Maroc fin 2019[6]. De fait, entre le premier trimestre de 2019 et la même période de 2020, le nombre de chômeurs a connu une hausse de 208 000 chômeurs ; par conséquent, le taux de chômage est passé de 9,1 % à 10,5 % au niveau national[7]. Néanmoins, avec la poursuite de la dégradation de la conjoncture économique nationale, le taux de chômage pourrait atteindre 14,8 % l'année 2020, estime le HCP (2020d). Dans ce contexte, 83 % des ménages vont dépendre de la solidarité sociale comme source de revenus (Banque mondiale, 2020).

À cet égard, des programmes sont conçus afin de compenser la perte d'emploi et la baisse de revenu des individus ayant perdu leur emploi dans le secteur privé, formel ou informel. En effet, 30 % des individus ont sollicité l'aide de l'État ou de l'employeur dans le cadre de ces programmes et

---

6. HCP, note d'information du haut-commissariat au plan relative à la situation du marché du travail en 2019, https://www.hcp.ma/La-Situation-du-marche-du-travail-en-2019_a2455.html, (consulté le 15-06-2020).

7. HCP, note d'information sur la situation du marché du travail au premier trimestre de 2020, https://www.hcp.ma/La-situation-du-marche-du-travail-au-premier-trimestre-de-2020_a2503.html, (consulté le 15-06-2020).

environ 73 % ont bénéficié de cette aide (HCP, 2020g). En moyenne, l'aide publique a permis de compenser 35 % de perte de revenus : environ 87 % (5,2 millions) ont bénéficié du soutien dans le cadre des programmes Ramed et Tadamoun-Covid destinés aux individus ayant perdu leur emploi dans le secteur informel, 12 % (740 000 individus) dans le cadre du programme de soutien aux salariés affiliés à la CNSS et 1 % sous forme d'aides fournies par les employeurs (HCP, 2020g).

Ce qui renforce davantage le choc violent de la crise est que l'informel reste le secteur dominant de l'économie marocaine. L'informalité signifie un manque de protection sociale et des conditions de travail indécentes. De plus, au niveau mondial, environ 80 % des deux milliards de travailleurs du secteur informel ont été affectés par les mesures de confinement (FMI, 2020). Ainsi, les pertes de revenu au niveau de l'économie nationale seront massives, puisque le secteur informel est largement répandu au Maroc : seuls 17 % de la population active occupent un emploi formel et moins de 10 % occupent un emploi formel dans le secteur privé (Banque mondiale, 2020).

D'après l'enquête de conjoncture auprès des ménages du HCP (2020f), l'indice de confiance des ménages enregistre son niveau le plus bas depuis 2008. Selon cette enquête, au cours des 12 prochains mois, 42,4 % des ménages s'attendent à une dégradation du niveau de vie, 26,6 % s'attendent à son maintien au même niveau et 31 % des ménages croient à son amélioration. Au deuxième trimestre de 2020, environ 61 % des ménages estiment que leurs revenus couvrent leurs dépenses, 34,5 % déclarent s'endetter ou puiser dans leur épargne et 4,5 % affirment épargner une partie de leur revenu (HCP, 2020f).

Par ailleurs, le confinement et la menace sanitaire sont susceptibles d'avoir un impact psychologique sur la population au Maroc. En effet, le confinement a des effets psychiques sur les personnes allant des troubles du sommeil à la dépression et aux attaques de panique (HCP, 2020c). La même source tient à faire savoir que presque la moitié des ménages (49 %) considèrent l'anxiété comme principal impact psychologique du confinement. Les ménages ont souffert aussi de problèmes de sommeil (24 %) et d'autres troubles psychologiques tels que l'hypersensibilité, la nervosité et la lassitude (8 %) (HCP, 2020c).

3. Transition économique et perspectives d'un nouveau modèle de développement économique

Dès 2018, le Maroc a entamé la discussion sur le nouveau modèle de développement du Maroc (CESE, 2019). Le pays a mené une réflexion sur l'implémentation d'un modèle de développement qui va lui permettre d'accéder à un nouveau palier de croissance économique. Néanmoins, la crise actuelle a mis en évidence le besoin de relancer les activités économiques et de contenir les effets nocifs de la pandémie. Dans ce contexte, il convient de mettre en place des dispositifs ambitieux afin de protéger la population, surtout les plus vulnérables, et de réaffecter les ressources d'un secteur à l'autre afin d'optimiser leur utilisation, et par conséquent garantir la reprise économique (FMI, 2020). La crise du coronavirus représente une opportunité qui va permettre d'accélérer les réformes économiques engagées depuis longtemps au Maroc (Banque mondiale, 2020).

Selon l'Observatoire de l'OIT (2020), les pays ont besoin d'importants investissements publics pour dynamiser l'emploi et accompagner le secteur privé. De son côté, le FMI (2020) reconnaît l'importance de l'investissement public dans l'accélération de la reprise économique. Il s'agit pour le Maroc d'élaborer des programmes d'investissement selon un modèle de développement qui permette de faire face aux conséquences de la crise et de relever le défi de la relance économique. Ce modèle de développement nécessite une planification anticipative des besoins de progrès afin de réduire les inégalités sociales et maintenir la cohésion sociale.

En effet, compte tenu des mutations économiques et sociales survenues à cause de la crise sanitaire, le Maroc a besoin d'une vision sur laquelle se baser pour rectifier les trajectoires de croissance et amorcer la relance économique. Dans le contexte du ralentissement de l'activité économique, il a besoin d'un modèle économique qui favorise la transition de son économie et dynamise les activités productives. Ce sont des choix économiques qui auront la tâche d'abaisser les effets délétères de la crise et de réorganiser l'activité économique. Cette transition doit assurer le progrès de sa société et la promotion de son économie selon des mesures qui exploitent ses atouts et préconisent la solidarité et l'inclusivité. L'objectif urgent consiste à relancer les activités sans perdre les acquis de la croissance de ces dernières années.

Il s'avère que cette crise représente une réelle opportunité afin d'asseoir un nouveau modèle économique à travers l'activation de plusieurs tendances qui catalysent les transitions nécessaires. Il s'agit d'entreprendre des mesures qui servent comme outils de ces transitions et qui doivent être soutenues primordialement par une politique sociale assez développée pour protéger surtout les plus vulnérables (FMI, 2020).

3.1. Un modèle social développé

L'économie marocaine présente une faiblesse en ce qui concerne notamment la création d'emplois et l'intégration des couches les plus fragiles. La population en âge de travailler croît fortement et la création d'emplois n'est pas suffisante pour suivre la croissance de cette population. En effet, malgré les efforts, le chômage au Maroc persiste et prend des formes caractérisées. Une progression ascendante et générale du taux de chômage a été observée aussi bien chez les hommes que chez les femmes et au niveau de toutes les catégories d'âge. Dans ce contexte, le taux de chômage a atteint 10,2 % en 2017 au lieu de 9,9 % en 2016 (CESE, 2017). Ce taux est passé à 10,5 % au premier trimestre de 2020[8].

Or, chaque économie ne peut se développer qu'à la condition de trouver le capital humain approprié. Le combat contre la pandémie a montré l'importance et l'obligation d'avoir une politique sociale assez développée pour préserver ce capital humain. C'est pourquoi la relance économique pourrait porter sur l'investissement public, notamment dans les systèmes de santé (FMI, 2020). Selon cette institution, cette crise devra être une opportunité pour reconstruire un modèle social qui étende et renforce les dispositifs de sécurité sociale.

Sur le plan de l'action sociale et solidaire, cela consiste à donner une forte impulsion à l'important effort de résorption des déficits sociaux. Ceci met en exergue l'importance d'un modèle de développement intégrant les préoccupations sociales qui devraient s'aligner sur les nouveaux choix économiques nationaux. Il s'agit de donner la priorité à des politiques qui permettent de réduire les inégalités sociales et promouvoir les secteurs stratégiques comme la santé et l'éducation. D'où l'importance d'avoir un modèle de développement qui offre une vision plus sociale de l'économie (FMI, 2020).

De plus, la nouvelle donne économique et sociale va mettre à mal les efforts du Maroc pour combattre la pauvreté et la fragilité de certaines couches sociales. Or le progrès social est une condition *sine qua non* à tout développement économique (CESE, 2019). Ainsi, dans un contexte où le maintien de l'activité prime, il est prioritaire de créer un écosystème favorable pour rétablir l'économie, réduire la pauvreté et répondre aux différents besoins sociaux. Il s'agit de mettre en œuvre des dispositifs permettant de promouvoir la cohésion sociale en aidant efficacement les populations les plus démunies.

En outre, le Maroc dispose d'une population jeune qui constitue un facteur de croissance potentiel de taille et une ressource capitale. Il s'agit de saisir cette opportunité afin de mettre en place les conditions nécessaires à sa valorisation et à son insertion optimale dans le processus de développement du pays (CESE, 2019).

L'État doit donc assurer une large mobilisation de la société pour influencer les comportements. Pour ces raisons, il faut commencer par

[8]. HCP, note d'information sur la situation du marché du travail au premier trimestre de 2020, https://www.hcp.ma/La-situation-du-marche-du-travail-au-premier-trimestre-de-2020_a2503.html, (consulté le 15-06-2020).

l'éducation et l'école afin de gagner l'adhésion des citoyens. Il faut donner également l'occasion à plus de femmes de s'impliquer dans les programmes de développement et assurer une meilleure mobilisation de la société. La femme avec sa fonction au sein du foyer a une grande responsabilité concernant l'éducation et la sensibilisation.

Ainsi, de nouveaux modèles d'affaires qui se basent sur des innovations sociales et/ou associés à la technologie numérique apparaissent nécessaires. La confiance, la coopération et le lien social sont considérés, dans ces modèles, comme des valeurs essentielles. L'objectif est de s'engager dans les échanges dans un esprit de solidarité et d'équité selon un prix valorisant justement le facteur travail. Cette conception de l'économie suppose la construction d'autres types d'échanges qui respectent particulièrement la valeur travail et d'autres valeurs comme la solidarité et la coopération.

3.2. Transition numérique et organisationnelle

La croissance rapide du numérique évoque l'émergence d'un nouveau paradigme économique et sociétal susceptible d'engendrer de profondes transformations économiques et managériales. En effet, le développement de la numérisation donne lieu à un climat favorable au changement qui pourra stimuler l'innovation et l'organisation des activités. La digitalisation de l'économie a permis sa transformation. Selon Babinet (2015), il s'agit d'un passage à une société où le traitement d'une masse considérable d'informations avec ces moyens technologiques sera le réel moteur du progrès.

Au départ, il s'agit d'un simple développement de l'usage par les particuliers d'Internet et des téléphones portables. Par la suite, le phénomène s'avère plus profond et plus général. Il touche les entreprises, l'innovation et les processus de production de la vieille économie, en effet, l'utilisation des NTIC accroît les possibilités de collaboration et de travail en réseau (Benabid, Grolleau, 2003).

Le caractère gratuit de l'usage et le bénévolat qui sont présents sur une partie significative d'Internet, constituent des ressorts fondamentaux de l'économie numérique. Ce mouvement a conduit à une augmentation de la part des NTIC dans l'investissement des entreprises qui a doublé ou triplé selon les pays, passant par exemple de 6,8 % en 1980 à 14,4 % en 2000 en France et de 15 % à 30 % aux États-Unis (Muet, 2006). Dans ce contexte, la vitalité des créations d'entreprises serait l'expression d'un fort développement d'innovations.

De fait, une société coupée de cette tendance se trouvera pénalisée dans son économie et son modèle de développement. C'est pourquoi le nouveau modèle de développement du Maroc doit tirer profit de l'opportunité de la transformation digitale. Cette transformation constitue un cadre au sein duquel les entreprises et les administrations disposeront de la flexibilité nécessaire pour s'adapter à tout changement de l'organisation de l'activité économique (Aloisi, De Stefano, 2020).

Cette révolution numérique repose sur trois piliers. Le premier est technologique, avec la capacité de traiter des masses gigantesques de données. L'appropriation de ces technologies par les entreprises permet des innovations majeures sur le plan des procédés et des produits. Le second pilier est économique, avec l'apparition d'acteurs économiques puissants qui sont en mesure de réorganiser les chaînes de valeur et d'imposer de nouveaux modèles d'affaires. Enfin, le dernier pilier de cette révolution numérique est social, avec de nouveaux modes de sociabilité et d'actions collectives.

À cet égard, le monde numérique a réussi à mettre en place un système où la mise en réseau globale des acteurs économiques est réalisable. Cette entreprise serait impossible si l'Internet n'offrait pas une telle interconnexion à un coût relativement faible. Par conséquent, l'économie numérique touche généralement une population jeune et offre en effet des possibilités d'évolution en intégrant toutes les nouvelles idées. Ce modèle économique attire les investisseurs qui ne cessent d'apporter leur capacité à innover.

En effet, une relance économique devrait porter sur l'investissement public, notamment dans les infrastructures numériques (FMI, 2020). En ce sens, le Maroc pourra opter pour une politique qui favorisera une croissance basée sur l'innovation et le savoir, puisqu'il est évident que le rôle des innovations est essentiel pour encourager les métiers du numérique. En effet, en bénéficiant du développement de l'économie numérique (développement du net, des télécommunications, du smartphone et de ses différentes applications), les solutions de télétravail et de commerce en ligne peuvent servir d'outils de transition numérique et organisationnelle.

Dans ce contexte, la maîtrise des outils digitaux s'avère de plus en plus nécessaire pour anticiper les nouvelles conditions économiques et s'y adapter (Aloisi, De Stefano, 2020). Néanmoins, au Maroc, le développement du digital reste insuffisant au regard des défis et des exigences de l'économie nationale. La période du confinement a fait surgir le besoin de généraliser l'accès à l'Internet et de renforcer la qualité des connexions. Il convient alors de développer et d'accélérer la transition numérique au regard des besoins d'évolution du pays à l'ère numérique et des nouvelles modalités d'organisation.

3.3. Transition écologique et énergétique

Le Maroc connaît un ensemble de problèmes d'ordre écologique comme la dégradation des sols, la déforestation, la surexploitation des ressources, la désertification, la pollution des eaux et la diminution du potentiel des ressources hydriques (Benmahane, 2018). La transition écologique est susceptible d'offrir de nouvelles possibilités de création de richesse. Il s'agit en réalité d'assurer la conversion écologique des secteurs économiques clés qui ont la capacité de stimuler l'investissement et l'innovation.

Dans ce cadre, le FMI (2020) reconnaît l'importance de l'investissement public, notamment dans la promotion d'une économie sobre en carbone. De plus, nombreux sont les chercheurs qui estiment qu'il existe une relation positive entre performance en matière d'innovation et dynamisme environnemental (Aloisi, De Stefano, 2020). Cet impératif de parvenir à un environnement durable doit être compatible avec les modèles économiques alternatifs (BIT, 2017). De fait, la responsabilité sociétale et environnementale des entreprises reste toujours essentielle pour chaque nouveau modèle.

Par ailleurs, la durabilité doit être amorcée et accompagnée par une transition énergétique afin de baisser les impacts négatifs sur l'environnement. La transition énergétique prend plusieurs formes. La forme la plus courante est un mix énergétique dans lequel les énergies renouvelables seront les plus présentes (Diemer, 2015). Il convient donc de développer des sources d'énergies alternatives plus respectueuses de l'environnement.

Or, malgré ses efforts, le Maroc s'inscrit parmi les pays les plus dépendants énergétiquement de l'extérieur, il importe environ 93 % de l'énergie consommée (Benmahane, 2018). Par conséquent, il devra apporter des réponses adaptées et innovantes pour une utilisation rationnelle des ressources énergétiques. Il s'agit en réalité de mobiliser les énergies renouvelables et d'appuyer l'efficacité énergétique qui devrait constituer une priorité nationale. Il reste à réfléchir sur la manière de modifier les habitudes de consommation et de développer les technologies afin d'espérer une vie économique et sociale plus protectrice de l'environnement. À cet égard, il s'agit également de sensibiliser les citoyens et les impliquer pour favoriser une transition énergétique participative (Diemer, 2015).

3.4. Transition citoyenne et solidaire

Dans plusieurs pays, un grand nombre d'individus vivent en dessous du seuil de la pauvreté et sans perspective d'avenir meilleur (PNUD, 2019). Au Maroc, la montée quasi continue du chômage des jeunes depuis 2004 met l'accent sur le problème de l'incapacité à créer suffisamment d'emplois. À cet effet, le modèle de croissance national s'avère de moins en moins inclusif et contribue de moins en moins à la paix sociale (CESE, 2017).

Dans ce contexte, l'entrepreneuriat social cherche à répondre aux besoins sociaux qui ne peuvent être satisfaits ni par le secteur privé, ni par le secteur public. L'idée de base est de concilier l'économique et le social afin de favoriser une activité qui constitue un remède aux maux sociaux non résolus par le marché. Ainsi, il est évident de s'attendre à une présence accentuée de l'entrepreneuriat social dans les zones caractérisées par la précarité sociale, l'exclusion et le chômage. Vu que le rythme de création de nouvelles entreprises, dans le secteur privé, a connu un ralentissement de 8,3 % en 2016 à 5,2 % en 2017, il est donc prioritaire d'agir sur ce capital social qui doit être conforté pour relever le défi de la cohésion sociale (CESE, 2017).

Le Conseil économique social et environnemental (CESE) a proposé l'axe de la promotion de l'entrepreneuriat comme une des voies à explorer pour renforcer l'insertion des jeunes dans la société. Pour ce Conseil, il est nécessaire d'améliorer l'accès des jeunes aux formes de financement adaptées et de renforcer les capacités des Fonds dédiés à l'entrepreneuriat innovant. Cette situation permet donc de renforcer l'économie sociale et solidaire (ESS), à l'image de ce qui est observé dans plusieurs pays avancés (CESE, 2017).

Dans ce cadre, plusieurs initiatives d'entrepreneuriat, œuvrant dans le cadre social, sont apparues au Maroc. Elles sont de type coopératif, associatif et solidaire. Les premières initiatives au Maroc ont démarré dans les années 1990. Ensuite, l'initiative nationale de développement humain (INDH) a donné un élan à ce type de projet à travers l'octroi de subventions, ce qui a généré des externalités positives importantes en matière de création de nouvelles opportunités d'emploi (Noguera et *al.*, 2015).

De plus, les initiatives d'entrepreneuriat collectif dépendent de plus en plus des aides de plusieurs parties prenantes comme les collectivités locales, les centres régionaux d'investissement et le gouvernement. Ces parties prenantes jouent également un rôle indéniable au niveau de l'évolution de l'entrepreneuriat social en offrant leur vision quant à l'orientation et la stratégie. Généralement, ceci contribue à résorber le chômage et améliorer les conditions de vie des populations surtout rurales (Majdouline, Elbaz, 2017).

Puisque les actions sociales existent dans le but premier de créer de la valeur sociale et de répondre aux maux sociaux, il est donc prioritaire de traiter dorénavant cet entrepreneuriat comme l'un des principaux axes stratégiques de développement avec des motivations sociales et solidaires. Par conséquent, il est essentiel de créer un écosystème favorable aux entreprises sociales afin que celles-ci puissent déployer tout leur potentiel et contribuent non seulement à la création d'emplois, mais également à répondre aux différents besoins sociaux (Noguera et *al.*, 2015).

En outre, le défi du confinement a soulevé l'importance de la solidarité. De même, cette crise a mis en exergue la capacité de la population à changer de comportement. Durant la période du confinement, la situation est jugée intenable sans des gestes concrets de citoyenneté et de solidarité[9]. Or, la contribution citoyenne a été primordiale dans la réussite des mesures entreprises afin de lutter contre la propagation du virus et limiter ses effets dévastateurs. Par conséquent, il faut mettre en avant l'intérêt social en capitalisant cette psychologie collective positive comme une source de motivation et d'engagement.

Au Maroc, le discours prône l'engagement collectif afin que chaque citoyen puisse prendre une part active dans la solidarité nationale. Cela contribue à l'éducation collective et à la prise de conscience pour participer à l'effort collectif et accentuer la contribution citoyenne. La mobilisation et la participation de tous les citoyens sont nécessaires afin de garantir le succès de la mise en œuvre de ce modèle de développement. Il va dépendre du degré d'engagement de l'ensemble des partenaires sociaux et des acteurs économiques, en plus de la société civile. Il s'agit de souligner l'importance de la volonté d'aligner les différentes stratégies et efforts sur l'ambition tracée dans le cadre du nouveau modèle de développement (CESE, 2019).

De même, cela consiste à mobiliser la société civile, l'école et les médias ; l'objectif est de fédérer tous les citoyens pour les rallier aux différents programmes de développement et accélérer la marche vers la concrétisation d'un projet de société citoyen et solidaire. Tous les citoyens doivent ainsi prendre conscience de l'importance de ce projet et ils doivent y adhérer en vue de se l'approprier et de contribuer en fin de compte au développement du Maroc.

Il s'avère que l'engagement collectif et la contribution citoyenne sont des catalyseurs pour un modèle économique garantissant la relance économique. Ceci entretient des sentiments de solidarité et d'appartenance qui favoriseraient l'engagement sociétal afin de lutter contre les effets négatifs de la crise et bâtir une économie résistante. Il s'agit en effet de renouer avec les vertus de solidarité et d'entraide pour vaincre l'individualisme et l'égoïsme. L'opportunité semble propice afin que la rationalité du propre intérêt individuel cède la place à la rationalité qui promeut l'intérêt social et la solidarité.

---

[9]. Face à cette crise, les actions de solidarité au Maroc ont été nombreuses. Comme exemple significatif de cette solidarité, l'initiative d'un ensemble d'entreprises à capitaux français au Maroc regroupées sous le hashtag #Tadamoune 2020. Elles ont mis à la disposition des autorités marocaines des ambulances, des masques, des dons de carburant, des chambres d'hôtel pour le personnel soignant, en plus des produits de première nécessité pour les familles démunies.

Conclusion

Durant ces dernières décennies, quasiment chaque année apportait un surplus de richesse. En 2020, les prévisions prédisent une chute inédite du PIB. La pandémie et ses effets dévastateurs ont réduit drastiquement l'activité économique. La présence du virus va continuer de peser sur le comportement de l'économie mondiale en réduisant les activités productives. Selon le Bulletin économique de la BCE (2020), la situation est toujours en cours d'évolution et il est difficile d'estimer combien de temps dureront les perturbations impactant l'activité économique. Certains secteurs comme le transport et le tourisme vont souffrir durablement et le commerce sera fortement pénalisé par l'effondrement de la consommation. Par conséquent, afin de faire face aux effets délétères de la crise, les pays auront besoin de revoir leur stratégie de développement et leur plan d'action pour chercher à rendre la reprise économique optimale. La réussite de la relance économique dépend de la coordination des efforts de tous les acteurs y compris les pouvoirs publics, les agents économiques et les citoyens.

La pandémie pousse à une rupture avec les modèles de développement actuels. De maintes motivations accentuent la tendance d'un nouveau système économique qui se profilerait à l'horizon. Or, il est profitable d'œuvrer localement et au niveau international en faveur d'un système économique qui mette en avant la solidarité, le bien-être social et la protection de l'environnement. Il s'agit d'une rationalité renouvelée qui vise à contrecarrer l'égoïsme et à donner de l'importance aux préoccupations sociales. Dans ce cadre, l'homme a intérêt à prendre conscience de sa rationalité limitée et à faire face à son désir illimité de surexploiter les ressources de la planète. Le Maroc a compté sur la résilience de son économie pour relever le défi du confinement. Les mesures prises par le comité de veille économique ont assuré la réponse économique en absorbant partiellement le choc du confinement sur les ménages et les entreprises en difficulté. La relance économique et la reprise de l'activité constituent un autre défi. C'est pourquoi la responsabilité individuelle et collective est très urgente, puisque le confinement a coûté à l'économie nationale une perte de plusieurs milliards de dirhams. Il sera donc prioritaire d'adopter un ensemble de réformes combinant à la fois l'amélioration du cadre macroéconomique et la cohérence entre le changement souhaité et les programmes à mettre en place. Ces différentes motivations renforcent la tendance vers un nouveau modèle économique qui doit concilier les objectifs économiques avec les préoccupations sociales et environnementales.

Dans ce nouveau modèle, les mesures sociales s'imposent ; elles doivent converger vers un seul objectif, à savoir l'amélioration des conditions humaines et sociales de la population. Il s'agit de définir des stratégies pour mobiliser les activités productives et promouvoir le progrès de la société.

C'est une transition qui exige une stratégie nationale cohérente englobant les différents axes de développement. Reste pour le Maroc à adapter sa politique économique afin d'intégrer les innovations permettant de catalyser un contexte économique émergent. Il s'agit de se donner les moyens pour transformer les contraintes en opportunités selon une rationalité économique qui met en avant la solidarité et l'intérêt social et qui entrave l'égoïsme et l'intérêt individuel.

Bibliographie

ALOISI A., DE STEFANO V. (2020), « Réglementation et avenir du travail : la relation de travail facilite l'innovation », *Revue internationale du Travail*, Vol. 159, n° 1, p. 53-77. https://onlinelibrary.wiley.com/doi/epdf/10.1111/ilrf.12145, (consulté le 15-06-2020).

BABINET G. (2015), *Big Data, penser l'homme et le monde autrement*, Paris, Le Passeur.

BANQUE CENTRALE EUROPÉENNE (BCE), (2020), Bulletin économique N° 2 / 2020 – Évolutions économiques et monétaires vue d'ensemble. https://www.banque-france.fr/sites/default/files/medias/documents/be2_fr.pdf, (consulté le 18-06-2020).

BANQUE MONDIALE (2020), Rapport de suivi de la situation économique au Maroc, Washington, DC. https://openknowledge.worldbank.org/bitstream/handle/10986/34113/Morocco-Economic-Monitor-FR.pdf?sequence=11&isAllowed=y, (consulté le 25-07-2020).

BENABID S., GROLLEAU G. (2003), « Les nouvelles technologies de l'information et de la communication : un instrument potentiel au service de l'économie sociale ? » *Innovations*, n° 17, p. 139-155. De Boeck Supérieur. Article disponible à l'adresse : https://www.cairn.info/revue-innovations-2003-1-page-139.htm, (consulté le 01-12-2020).

BENMAHANE M. (2018), « Économie verte et développement durable au Maroc : Bilan et perspective », *Journal d'Économie, de Management, d'Environnement et de droit*, Vol. 1. n° 1, p. 39-50.

BUREAU INTERNATIONAL DU TRAVAIL (BIT), (2017), Rapport mondial sur la protection sociale 2017-2019 : Protection sociale universelle pour atteindre les objectifs de développement durable (Genève). https://www.ilo.org/wcmsp5/groups/public/---dgreports/---dcomm/documents/publication/wcms_624892.pdf, (consulté le 14-06-2020).

CHAMBRE FRANÇAISE DE COMMERCE ET D'INDUSTRIE DU MAROC (CFCIM), (2020), Le Maroc face à l'épidémie de Covid-19, Note de conjoncture n° 1024, https://www.cfcim.org/wp-content/uploads/2020/04/1024-avril-2020-Covid-19-juridique.pdf, (consulté le 18-06-2020).

CONSEIL ÉCONOMIQUE, SOCIAL ET ENVIRONNEMENTAL (CESE), (2017), Rapport Annuel 2017. Rabat, Maroc. https://www.chambredesrepresentants.ma/sites/default/files/ra2017f.pdf, (consulté le 06-12-2020).

CONSEIL ÉCONOMIQUE, SOCIAL ET ENVIRONNEMENTAL (CESE), (2019), Le Nouveau Modèle de Développement du Maroc. Rabat, Maroc. http://www.ces.ma/Documents/PDF/NMD/CESE-Nouv_Modele_de_Devt-f.pdf, (consulté le 10-07-2020).

DIEMER A. (2015), « Loi sur la transition énergétique, croissance verte et développement durable », *Revue francophone du développement durable*, n° 6, p. 23-46.

DUCOUDRÉ B., MADEC P. (2020), « Évaluation au 6 mai 2020 de l'impact économique de la pandémie de Covid-19 et des mesures de confinement sur le marché du travail en France », *OFCE Policy brief 67*, p. 1-24, https://www.ofce.sciences-po.fr/pdf/pbrief/2020/OFCEpbrief67.pdf, (consulté le 20-06-2020).

FONDS MONÉTAIRE INTERNATIONAL (FMI), (2020), Mise à jour des perspectives de l'économie mondiale, (Washington). Juin 2020, https://www.imf.org/fr/Publications/WEO/Issues/2020/06/24/WEOUpdateJune2020, (consulté le 24-07-2020).

HAUT-COMMISSARIAT AU PLAN (HCP), (2020a), La note de conjoncture N° 36, avril 2020, https://www.hcp.ma/Publication-Note-de-conjoncture-N-36-Avril-2020_a2502.html, (consulté le 17-06-2020).

HAUT-COMMISSARIAT AU PLAN (HCP), (2020b), Principaux résultats de l'enquête de conjoncture sur les effets du Covid-19 sur l'activité des entreprises. https://www.hcp.ma/Principaux-resultats-de-l-enquete-de-conjoncture-sur-les-effets-du-Covid-19-sur-l-activite-des-entreprises_a2499.html, (consulté le 17-06-2020).

HAUT-COMMISSARIAT AU PLAN (HCP), (2020c), Enquête sur l'impact du coronavirus sur la situation économique, sociale et psychologique des ménages. Note de synthèse des principaux résultats, https://www.hcp.ma/Enquete-sur-l-impact-du-coronavirus-sur-la-situation-economique-sociale-et-psychologique-des-menages-Note-de-synthese_a2506.html, (consulté le 17-06-2020).

HAUT-COMMISSARIAT AU PLAN (HCP), (2020d), Note d'information relative à la situation de l'économie nationale en 2020 et ses perspectives d'évolution en 2021, juillet 2020, https://www.hcp.ma/Note-d-information-relative-a-la-situation-de-l-economie-nationale-en-2020-et-ses-perspectives-d-evolution-en-2021-Note_a2568.html, (consulté le 23-07-2020).

HAUT-COMMISSARIAT AU PLAN (HCP), (2020e), Budget économique exploratoire 2021 – la situation économique en 2020 et ses perspectives en 2021, juillet 2020, https://www.hcp.ma/Budget-economique-exploratoire-2021_a2569.html, (consulté le 23-07-2020).

HAUT-COMMISSARIAT AU PLAN HCP, (2020f), Note d'information du Haut-commissariat au Plan Résultats de l'enquête de conjoncture auprès des ménages Deuxième trimestre de l'année 2020. https://www.hcp.ma/Les-resultats-de-l-enquete-de-conjoncture-aupres-des-menages-deuxieme-trimestre-de-l-annee-2020_a2565.html, (consulté le 23-07-2020).

HAUT-COMMISSARIAT AU PLAN (HCP), (2020g), Répercussions de la pandémie covid-19 sur la situation économique des ménages – 2e panel sur l'impact du coronavirus sur la situation économique, sociale et psychologique des ménages. https://www.hcp.ma/Repercussions-de-la-pandemie-covid-19-sur-la-situation-economique-des-menages_a2574.html, (consulté le 23-07-2020).

MAJDOULINE I., ELBAZ J. (2017), « Complexité et perception des effets socio-économiques de l'entrepreneuriat social : cas des entreprises sociales au sud du Maroc », *Projectics / Proyéctica / Projectique*, 2017/2, n° 17, p. 41-62, https://www.cairn.info/revue-projectique-2017-2-page-41.htm, (consulté le 01-12-2020).

MINISTÈRE DE L'ÉCONOMIE, DES FINANCES ET DE LA RÉFORME DE L'ADMINISTRATION, Direction des études et des prévisions financières, (2020), Note de conjoncture N° 280, juin 2020, https://www.finances.gov.ma/Publication/depf/2020/Notedeconjoncture280.pdf, (consulté le 05-08-2020).

MUET P-A. (2006), « Impacts économiques de la révolution numéri »que, *Revue économique*, n° 3, Vol. 6, p. 347-375.

NOGUERA F. et *al.* (2015), « Management des compétences entrepreneuriales territoriales. Résultats d'une enquête exploratoire de terrain », *Recherches en Sciences de Gestion*, Vol. 3, n° 108, p. 25-46.

OBSERVATOIRE DE L'ORGANISATION INTERNATIONALE DU TRAVAIL (OIT), (2020), Le Covid-19 et le monde du travail. Troisième édition, Genève, https://www.ilo.org/wcmsp5/groups/public/@dgreports/@dcomm/documents/briefingnote/wcms_743155.pdf, (consulté le 12-06-2020).

PNUD (2019), Rapport sur le développement humain 2019 – Au-delà des revenus, des moyennes et du temps présent : les inégalités de développement humain au XXIe siècle, publication du PNUD.

Structures éditoriales du groupe L'Harmattan

L'Harmattan Italie
Via degli Artisti, 15
10124 Torino
harmattan.italia@gmail.com

L'Harmattan Hongrie
Kossuth l. u. 14-16.
1053 Budapest
harmattan@harmattan.hu

L'Harmattan Sénégal
10 VDN en face Mermoz
BP 45034 Dakar-Fann
senharmattan@gmail.com

L'Harmattan Cameroun
TSINGA/FECAFOOT
BP 11486 Yaoundé
inkoukam@gmail.com

L'Harmattan Burkina Faso
Achille Somé – tengnule@hotmail.fr

L'Harmattan Guinée
Almamya, rue KA 028 OKB Agency
BP 3470 Conakry
harmattanguinee@yahoo.fr

L'Harmattan RDC
185, avenue Nyangwe
Commune de Lingwala – Kinshasa
matangilamusadila@yahoo.fr

L'Harmattan Congo
67, boulevard Denis-Sassou-N'Guesso
BP 2874 Brazzaville
harmattan.congo@yahoo.fr

L'Harmattan Mali
ACI 2000 - Immeuble Mgr Jean Marie Cisse
Bureau 10
BP 145 Bamako-Mali
mali@harmattan.fr

L'Harmattan Togo
Djidjole – Lomé
Maison Amela
face EPP BATOME
ddamela@aol.com

L'Harmattan Côte d'Ivoire
Résidence Karl – Cité des Arts
Abidjan-Cocody
03 BP 1588 Abidjan
espace_harmattan.ci@hotmail.fr

Nos librairies en France

Librairie internationale
16, rue des Écoles
75005 Paris
librairie.internationale@harmattan.fr
01 40 46 79 11
www.librairieharmattan.com

Librairie des savoirs
21, rue des Écoles
75005 Paris
librairie.sh@harmattan.fr
01 46 34 13 71
www.librairieharmattansh.com

Librairie Le Lucernaire
53, rue Notre-Dame-des-Champs
75006 Paris

www.ingramcontent.com/pod-product-compliance
Lightning Source LLC
LaVergne TN
LVHW010941051026
849532LV00003B/1085

* 9 7 8 2 3 4 3 2 4 7 2 1 2 *